교사에게
철학이
필요한 순간

교사에게 철학이 필요한 순간

(나는 어떤 교사로 살고 싶은가?)

[행복한 교과서®] 시리즈 No. 53

지은이 l 조욱
발행인 l 홍종남

2020년 11월 6일 1판 1쇄 인쇄
2020년 11월 13일 1판 1쇄 발행

이 책을 만든 사람들
책임 기획 l 홍종남
본문 디자인 l 김성인
표지 디자인 l 김효정
교정 교열 l 김윤지
출판 마케팅 l 김경아
제목 l 구산책이름연구소

이 책을 함께 만든 사람들
종이 l 제이피씨 정동수 · 정충엽
제작 및 인쇄 l 천일문화사 유재상

펴낸곳 l 행복한미래
출판등록 l 2011년 4월 5일. 제 399-2011-000013호
주소 l 경기도 남양주시 도농로 34, 부영e그린타운 301동 301호(다산동)
전화 l 02-337-8958 팩스 l 031-556-8951
홈페이지 l www.bookeditor.co.kr
도서 문의(출판사 e-mail) l ahasaram@hanmail.net
내용 문의(지은이 e-mail) l whdnr629@naver.com
※ 이 책을 읽다가 궁금한 점이 있을 때는 지은이 e-mail을 이용해 주세요.

ⓒ 조욱, 2020
ISBN 979-11-86463-53-6
〈행복한미래〉 도서 번호 084

※ 이 도서는 한국출판문화산업진흥원의 '2020년 출판콘텐츠 창작 지원 사업'의 일환으로 국민체육진흥기금을
   지원받아 제작되었습니다.
※ [행복한 교과서®] 시리즈는 〈행복한미래〉 출판사의 실용서 브랜드입니다.
※ [행복한 교육학®] 시리즈는 〈행복한미래〉 출판사의 교육학 브랜드입니다.

교사에게
철학이
필요한 순간

| 조욱 지음 |

행복한미래

프롤로그

철학의 빈곤?

일반적인 교사는 "당신은 어떤 교사인가요?"라는 질문을 받으면 대부분 당황스러워 한다. 그 질문이 유아, 초등, 중등 등 학교 급이나 담당 과목을 의미한다면 대답하기가 한결 수월하다. 하지만 질문의 요지가 교사로서 한 존재를 대변하는 무엇인가를 설명하길 요구한다면 한참을 고민해야만 간신히 대답할 수 있을 것이다.

질문받는 상황이나 질문하는 대상에 따라 대답이 조금씩 달라질 수도 있다. 강사가 교직원 연수 중 갑자기 이런 질문을 했다면 틀림없이 오랫동안 머뭇거렸을 것이다. 그러나 친한 친구가 물었다면 "뭐, 그냥 좋은 교사지."라고 말했을 것이고, 어린 학생이 물었다면 목소리를 깔고는 살아온 인생 이야기를 펼쳤을지도 모른다.

사실 "당신은 어떤 교사인가요?"라는 질문은 너무 포괄적이다. 교사는 문장 하나로 표현할 수 없다고 생각한다. 교사는 교과를 가르치는 사람이기도 하지만 아이들에게 자신의 삶을 보여 주어야 하는 사람이기도 하기 때문이다. 나는 교사 삶에 초점을 두고 싶다. 누구나 삶에 나름의 가치관이 있고 그 가치관에 근거한 삶을 살아가고 있기 때문이다. 교사가 살아 내는 모든 삶의 모습은 수업 준비, 수업 활동, 생활지도, 학생 및 학부모, 동료 교사와 관계 형성 속에 녹아 있다. 다시 말해 내 삶에 대한 철학이 교사로서 살아가는 데 가장 중요한 푯대가 된다는 의미다.

한동안 학부모와 동료 교사는 나에게 좋은 교사라는 타이틀을 달아 주었다. 사실 나는 그냥 '좋은 교사'가 되고 싶었을 뿐이다. '좋은 교사'라는 타이틀이 내 상징이 되는 것이 좋았다. 마냥 좋은 교사가 될 수 없으니 좋다는 것은 다 해 보았다. 연수를 들으며 강사에게 배운 좋은 수업 활동은 원래부터 내가 생각한 것인 양 바로 적용해 보고 아이들이 원하는 것, 학부모가 원하는 것, 동료 교사가 원하는 것에 맞추었다. 나를 감추고 다른 사람에게 휘둘리며 얻은 '좋은 교사'라는 타이틀이 결국 나를 나락으로 떨어트릴 줄은 몰랐다.

하루는 수업을 너무 방해하는 한 아이와 상담하면서 그 아이를 마구 때리는 상상을 하고 있는 내 모습과 마주했다. 좋은 교사의 가면을 쓴 나쁜 교사라는 생각이 내 속에서 점점 커져 갔다. 아이들의 문제 행동을 대할 때는 그 마음을 헤아리려는 노력보다 왜 이렇게 나를 힘들게 하는지에 생각이 머물렀다. 좋은 교사가 되려고 참아 내다 그것이 언젠가는 결국 폭발할까 봐 두려웠다. 선배 교사들에게 아이들은 휘어잡아야 1년이 편하다는 충고를 들었다. 무섭게 아이들을 대해야겠다는 생각에 별일 아닌 일로 교실에서 소리를 지르고는 아이들이 돌아간 교실에서 미안함에 후회하는 일이 반복되었다. 학부모가 "엄마들이 선생님은 너무 좋은 분이라고 하던데요."라고 말할 때는 정말 쥐구멍에라도 숨고 싶었다.

어디서부터 잘못된 것인지 한참을 방황했다. 자존감이 떨어졌고 교사를 그만두어야 하나 고민도 했다. 이 문제를 해결하지 않으면 앞으로도 좋은 교사라는 우상에 사로잡혀 괴로워만 할 것 같았다. 인정해야 했다. 나는 좋은 교사가 아님을 말이다. 모두에게 좋은 사람이 될 수 없듯이 모두에게 좋은 교사가 되려는 것은 욕심이다. 하지만 좋은 선택은 할 수 있지 않을까? 나와 아이들이 행복할 수 있는 좋은 선택을 고민하며 사는 교사가 되고 싶었다.

좋은 교사라는 타인의 평가만 존재했던 내 마음속에 '나'라는 존재가 들어왔다. 다른 사람을 위해 한 것이 좋은 결과만 가져오는 것은 아님을 알게 되었다. 그래서 이렇게 질문하기 시작했다.

나는 어떤 사람인지?
나는 무엇이 힘든지?
나는 왜 그것 때문에 힘이 드는지?
나는 무엇을 가르치고 싶은지?
나는 무엇을 가르칠 때 가장 행복한지?
나는 무엇을 잘할 수 있는지?

이런 질문들을 나에게 끊임없이 던지며 교사로서 어떤 삶을 살고 싶은지 고민하고 글로 남겼다. 이렇게 쓴 글들은 때때로 허튼 생각에 빠지거나 관성처럼 아이들을 대하며 수업하는 나를 다시 일깨웠다.

철학에 문외한인 내가 철학이라는 이름으로 세상에 책을 내놓은 것은 결국 철학도 삶에 대한 질문이라고 생각했기 때문이다. 원인 모를 우울함과 좌절감, 불안함이 내 삶에 기생하며 증식하는 가장 큰 이유는 나와 나를 둘러싼 것에 대한 질문의 부재였다. 그리고 내가 고민하고 삶에 던진 질문들이 누군가의 그것과 맞닿아 있지 않을까 하는 생각도 해 보았다. 내 생각이 누군가에게 조금이라도 도움이 되길 바라는 마음으로 글을 쓴다.

목차

3부. 수업 트렌드가 바뀌면 교사도 바뀌어야 한다

4부. 교사의 철학은 생활지도에서 완성된다

5부. 학부모를 내 편으로 만드는 교사의 교육 철학

| 1부 |

교사에게 철학이
필요한 순간

01

왜 좋은 교사만 꿈꾸었을까?

　나는 어렸을 때부터 남들과 다른 아이였다. 우선 머리 색이 다른 아이들과 달랐다. 태어날 때부터 뒷머리가 다른 부분의 머리 색과 달리 붉었다. 그러다가 고등학교 시절에는 흰색으로 변해서 한창 예민한 사춘기 시절에는 고민이 많았다. 그리고 언제부터인지 모르게 말을 심하게 더듬었다. 아마도 말을 더듬는 형을 따라 하다가 나도 더듬게 된 것 같았다. 아버지께서 물려주신 유전병으로 다한증이 있어 손과 발에는 땀이 줄줄 흘렀다. 이런 단점들 때문에 겪었던 수도 없는 사건들 뒤에는 소심하게 울고 있는 소년이 웅크리고 앉아 있었다.

　어렸을 때 집 뒤에는 낮은 산과 시내가 있었는데 도시와 시골의 중간 지점에서 살았다. 유년 때 기억은 거의 없고 초등학교 때부터 가지런히 정리된 책처럼 기억이 또렷하다. 초등학교 때는 여느 남자아이처럼 매일 산으로 냇가로 놀러 다녔다. 그 기억들 사이에 담임 선생님이 수업 시간에 떠들었다고 사람들이 보는 앞에서 내 옆머리를 잡고 들어 올려 아픈 것보다 수치스러움에 울었던 기억이 가장 또렷하게 각인되어 있다. 초등학교 때까지는 말을 더듬었지만 그리 위축되지 않고 생활했던 것 같다. 공부도 곧잘 했었고 전교 어린이회에 임원까지도 했으니 그냥 활발한 모범생 정도였다고 할까. 그때 당시 우리 학교에서는 학교 급식을 하지 않아서 도시락을 싸서 다녔는데, 빈 교실에서 점심식사를 하시는 선생님이 너무 부러웠다. 그래서 '나도 선생님이 되면 학교에서 음식을 배달해 먹을 수 있겠다'는 말도 안 되는 이유로 장래 희망으로 교사를 꿈꾸기 시작했다.

중학교 때는 스스로 많이 위축되었다. 점점 말을 심하게 더듬었고 아이들도 내 말을 잘못 알아듣고 계속 되물었다. 나는 그것이 싫어 점점 말을 하지 않기 시작했다. 자존감도 떨어졌고 더불어 성적도 점점 하락했다. 성적은 중위권에서 맴돌았다.

감성이 예민하던 사춘기 시절에 소극적인 성격으로 변해 가며 어디에도 감정을 표현할 곳이 없었다. 그때부터 시를 쓰기 시작했다. 시는 내가 말하고 싶은 것을 토하듯이 마구 쏟아 낼 수 있는 탈출구였고, 내 속에 숨어 버린 나를 위로하는 친구였다. 그 당시 국어를 가르치던 여자 선생님이 내 시에 관심을 가져 주었는데, 여자 선생님 몇 분이 귀여워해 주었던 것이 기억에 남는다. 가끔은 그 선생님을 위해 시를 쓰기도 했다. 철없는 중학생 남자아이의 푸념을 귀엽게 받아 준 국어 선생님 덕분에 조금씩 학교 생활에 적응할 수 있게 되었다. 진심으로 나를 대해 주시는 모습에 자존감도 조금씩 올라갔다.

나는 중학교 시절 큰 좌절을 겪었다. 중학교 성적으로 입학할 수 있는 고등학교보다 더 상위의 학교로 가길 원했던 부모님 의지를 꺾지 못해 결국 고등학교 입학 시험에서 떨어졌다. 그래서 울산에서 가장 하위권 고등학교로 2차 시험을 보고 입학했다. 그 학교는 시험을 볼 때 문제를 거의 다 찍어 주는 데도 평균은 40점이 안 되었고, 수업이 일찍 끝난다는 이유로 시험 기간을 가장 기다리는 친구들이 있던 재미있는 곳이었다. 공부는 잘하지만 영악한 아이들보다는 거칠지만 훨씬 인간다운 정이 넘치는 아이들과 함께 조용히 학교생활을 보냈다. 늦게나마 공부에 재미를 붙인 친구들이 이것저것 모르는 문제를 물어보면 가르쳐 주고는 했는데, 이때 가르치는 것에 흥미를 가지면서 진로를 교사로 정했다.

고등학교 시절 특별한 기억이 하나 있다. 내 꿈이 교사인 것을 안 수학 선생님께서 한 차시 수학 수업을 맡겼던 것이다. 선생님과 수업할 내용을 선정하고 지도안을 쓰고 수정하는 과정을 반복한 후 수업에 들어갔다. 그런데 막상 수업을 시작하니 아무것도 기억이 나지 않았다. 친구들의 얼굴이 모두 나를 향하고 있어 너무 긴장되었다. 긴장되니 말도 더듬었다. 한 시간짜리 수업을 어떻게 진행했는지 지금 생각해도 아찔하다.

다행히 고등학교 때 열심히 공부해서 교대에 진학했다. 대학 생활은 방송국 활동을 했던 것만 기억에 남을 정도로 방송국 일에 적극적이었다. 대학 시절에는 교대생에게 따라 붙는 예비 교사라는 말이 싫었다. 이미 교사가 될 사람들이라고 규정해 버리는 것만 같았다. 그것이 내 생각과 행동을 얽매이게 한다는 느낌이 들어 불편했다. 나는 부모님께서 절대 어울리지 말라고 한 불온한 선배인 신문사 형, 교지편집위원회 동기들과 어울려 다니며 온갖 집회를 쫓아다녔다. 그 선배들과 처음 대화를 할 때는 무슨 말을 하는지 알아듣지 못해 지적 충격도 받았다. 그들과 대화를 하고 싶어 책을 읽기 시작했다. 대학 공부는 그리 중요하지 않았고, 사회 속에는 교과서대로 가르치는 지식보다 소중한 것이 더 많음을 알게 되었다.

대학을 졸업하고 간신히 교사가 된 내가 처음으로 발령받은 곳은 경기도 양평 끝에 있는 단월초등학교였다. 그곳에서 내 인생에서 가장 소중한 스승을 만났다. 박광현 선생님은 모든 것을 배우고 싶은 교사였다. 늘 아이들 편에서 교육을 고민하는 교사였다. 생태 활동, 글쓰기, 삶의 철학 등 함께하고 싶은 마음에 그분을 따라 시골에 위치한 정배분교(현 정배초등학교)로 학교를 옮겼다. 그곳은 학부모와 교육에 대해 토론하며 모든 교육 활동을 교사들, 학부모, 아이들과 대화를 해서 결정했는데, 분교여서 그런지 교사가 하고자 하는 교육 활동이 상당히 자유로웠다. 좋은 선생님들과 함께하며 학급문집을 시작했고 생태 활동에 대해 고민했으며, 학부모 알림장을 쓰며 학부모와 소통하는 방법도 조금씩 배워 갔다.

그러다 내 아이가 태어나면서 타 지역으로 전근을 갔다. 부모에게서 처음으로 독립한 자녀처럼 어설픔과 무모한 용기를 바탕으로 이전에 근무하던 학교에서 배운 교육 활동을 했다. 많은 관심을 받았는데,

그 관심이 오히려 나를 오만하게 만들었고, 좋은 교사 우상에 빠지게 했다. 타인이 나를 좋게 평가할 때마다 오히려 부담만 늘어났다. 아마도 나의 내면을 돌보기보다는 겉치레에 더 신경을 썼기 때문일 것이다.

나는 왜 그렇게도 좋은 교사에 집착했을까? 내 삶을 돌아보면 남들보다 부족하다고 느꼈던 시기가 많았다. 그래서 좋은 교사란 겉모습으로 내 단점을 숨기고 싶었던 것은 아닐까? 내 삶을 먼저 채우지 않은 채 좋은 교사의 겉모습만 닮아 가려고 한다면 쉽게 무너질 수밖에 없다. 나는 앞으로 어떤 교사가 될까? 미래를 장담할 수는 없지만 내 삶에 놓인 여러 문제에서 답을 찾아가는 과정을 닮아 갈 것은 분명하다.

02
승진에 목숨 걸지 말자

승진을 포기한 교사가 루저라면 나는 루저다. 나 같은 사람도 승진할 세상이 올지는 모르겠지만 당당히 루저의 길을 선택했다.

사실 승진을 포기했다는 말 자체가 틀렸으니 우선 고치고 시작하자. 나는 평생을 아이들 곁에서 가르치는 길을 선택했다. 그리고 다른 꿈을 선택했다. 그렇다. 승진은 우리 삶에 놓인 여러 가지 선택의 문제일 뿐이지 갈망과 포기의 문제가 아니라고 생각한다.

한창 승진을 고민하던 때가 있었다. 어느 순간부터 친구들과 모임에서 대화 주제는 항상 승진이었다. 승진 점수를 잘 받으려고 무엇을 하고 있는지로 대화가 채워지고 있었다. 나는 그런 이야기를 들으면 별로 할 말이 없었다. 나도 최선을 다해 여러 가지 교육 활동을 하고 있었지만, 승진 점수를 채우는 활동은 아니었기 때문이다. 무엇을 하고 있는지 돌아보면 나는 최선을 다해 수업을 준비하고 있었다. 내가 잘할 수 있는 글쓰기, 학부모에게 편지 쓰기, 학기별 학급발표회, 학급문집 만들기, 자발적으로 연구회 활동 등을 하며 하루하루 바쁘게 살고 있었지만, 승진 점수를 받는 활동은 아니었다. 그런데 이런 활동이 승진 점수로 줄을 세우는 분위기에서는 그다지 노력하지 않는 교사, 일하지 않는 교사로 규정 짓는 것처럼 느껴지는 것은 왜일까?

그렇게 생각하고 보니 교육 당국은 자기들이 수립한 교육 정책을 홍보하고 활성화하는 데 점수를 이용하는 것 같다. 교육 제도 안에서 교사를 모으고 치열하게 활동하게 하는 가장 쉬운 방법은 점수화하는 것이라고 생각하니 반감이 생긴다. 교사의 자발성을 철저히 무시하는 승진 제도다. 점수가 없을 때는 순수한 열정으로 모여서 연구하고 수업을 준비했던 모임이 점수를 부여하니 순수한 열정의 동력은 상실되고 승진 점수가 필요한 교사들의 각축장이 되어 버린 행태가 참으로 안타깝다.

승진의 길에 들어선 교사는 다들 승진 점수에 도움이 되는 일들을 찾아 여러 기관에서 주최하는 각종 대회, 자료전에 참가하고 있었다. 학교에서 부장은 기본으로 맡았고, 승진 대열에 선 사람들과 점수가 있는 돌봄교실 담당 교사 선정에 눈치 싸움이 치열했다. 물론 교직원 인사관리규약이 있지만, 인사관리규약은 매년 승진에 더 가까운 사람에게 맞추어 수정되기도 한다. 인사관리규약을 수정하는 이유가 뻔히 보이는데 이해관계가 얽혀 있지 않다면 그것을 대놓고 이야기할 수 있는 사람은 거의 없다. 무수한 소문이 돌고 돌며, 언제 다시 관리자와 교사로 만날지 모르는 좁디좁은 교사 집단에서 서로 관계가 틀어질 것을 각오하고 관계없는 일에 이의를 제기하고 반대할 사람이 몇이나 될까?

이외에도 승진에 큰 관심이 없어 잘 모르는 경쟁과 소모적 갈등이 교사 집단에 충분히 많다. 영재 학급이나 청소년 단체에 승진 점수를 부여하던 시절에는 승진에 필요한 점수를 얻고자 얼마나 많은 교사가 경쟁적으로 영재 학급과 청소년 단체를 만들어 운영했던가? 하지만 점수를 채운 교사가 전근을 가고 나면 또 다른 문제가 남는다. 그 승진 점수가 필요한 교사가 후임을 맡으면 좋겠지만 문제는 그 승진 점수가 필요한 교사가 아무도 없다는 것에 있다.

요즘은 영재 학급과 청소년 단체 활동이 승진 마일리지에서 점점 밀려나는 추세여서 과거와는 분위기가 달라졌다. 이제 그런 업무는 3D 업무가 되어 모두 하기를 꺼리는 계륵이 되었다. 그렇다고 쉽게 그런 업무를 없애기는 어렵다. 처음에 만들기는 쉬우나 한 번 만든 업무를 없애기는 그보다 훨씬 어렵다는 것을 너무나 잘 안다. 명분이 없기 때문이다. 이런 사정을 모르는 학부모에게 어떻게 설명할 것인가? 뒤처리는 오롯이 그런 사정을 모른 채 새로 전근을 온 교사의 부담이 되는 것이다. 그렇게 억지로 업무를 떠맡은 교사에게 아이들은 행복한 배움을 기대할 수 있을까?

승진하려는 이유가 아이들을 가르치기가 힘에 부치기 때문이라는 말을 많이 들었다. 그렇다면 아이들을 가르치는 업무 말고 행정 업무를 처리하려고 수없이 준비하던 각종 연구 대회, 교육 자료전 등은 과연 누구를 위한 것이었나? 행정 업무가 대부분인 관리자가 되기 위해 왜 행정 업무와는 전혀 상관없는 이런 대회를 치르고 높은 점수를 받아야 할까?

그렇다면 관리자에게는 어떤 자질이 필요할까?
교사와의 관계에서 관리자는 어떤 덕목을 갖추어야 할까?
승진을 위한 준비는 과연 탁월한 관리자가 되는 데 얼마나 도움이 될까?

최근 경기도에서는 교사 인사관리지침의 변화가 감지되고 있다. 불합리한 승진 제도를 향한 비판의 목소리가 교사 집단 내에서 끊임없이 제기되었기 때문이다. 관리자가 되려면 꼭 거쳐야 하는 부장 교사의 경력을 강조하고 각종 대회 수상 점수도 단계적으로 축소하는 분위기다. 연구 학교에 부여하는 점수, 농어촌 벽지 점수, 근무 평정을 받는 교무 자리를 찾아갈 수 있게 라인을 정하던 철새처럼 떠도는 모습들이 이제는 사라질 수 있을까? 교원 승진 제도의 변화가 교원 승진제의 가장 피해자인 교사와 아이들을 다시 학교의 주인으로 세울 수 있을까?

03

교사 철밥통 시대는 끝났다?

교사가 직업인 나에게 만날 때마다 사람들이 하는 말이 있다.

"교사는 공무원이니까 연금도 있고 노후 걱정이나 미래 걱정이 없어서 좋겠다."

이것은 절반은 맞고 절반은 틀린 말이다.

교사는 공무원이다. 공무원 연금도 있다. 하지만 노후 걱정이 없는 것은 아니다. 공무원 연금은 몇 번의 공무원 연금 개혁으로 더 많이 내고 더 적게 받는 구조로 바뀌었다. 교직 15년 차인 내가 정년까지 일을 하고 퇴직했을 때 예전처럼 공무원 연금만으로 생활하기는 사실상 어렵게 되었다. 물가 상승률을 따져 보면 공무원 연금의 메리트는 예전과 비교해서 많이 하락했다. 공무원도 퇴직한 후 노후에 어떤 일을 해야 할까 고민하지 않을 수 없게 된 것이다.

미래에 대한 두려움도 타 직종보다 적다고 할 수 없다. 정년을 보장한다는 것은 정년이 될 때까지 큰 잘못을 해서 직권면직, 해임, 파면을 당하지 않는 이상 정해진 나이까지 근무할 수 있게 보장한다는 말이다. 하지만 정년이 보장된 사람이라 하더라도 보장된 근무 연수를 채우지 못하는 상황은 얼마든지 발생할 수 있다. 최근 명예퇴직을 신청하는 교사 수가 증가하고 있는 상황을 보아도 그렇다. 그렇다면 정년이 보장된 안정적인 직업군인 교사의 자발적 퇴직 신청이 증가하는 이유는 무엇일까?

많은 교사가 교권 추락을 명예퇴직의 결정적인 이유로 뽑는다. 그렇다. 학생, 학부모에게 매를 맞는 교사에 대한 뉴스를 이제는 흔하게 볼 수 있는 시대다. 그 둘 사이에 어떤 일이 있었는지는 알 수 없지만 적어도 서로를 대하는 마음이 어떠했는지는 짐작 가능하다.

학생의 인권에 대한 사회적 인식은 높아졌지만, 그와 더불어 존중

받아야 할 교사의 인권은 저만치 밀려나 있다. 시대적 변화를 따라가지 못하고 예전 관습과 방식을 과감히 바꾸지 못한 교사부터 학부모 민원의 뭇매를 맞고 후배들에게 인정도 받지 못한 채 점점 교실에서 숨어 지내다 교직을 그만두는 교사까지……. 그런 동료 교사들을 보면서 어떤 생각들을 할까? 이곳에서 버티려면 수업 시간을 방해하는 학생의 생활지도도, 방과 후 더 가르쳐 보려는 열정도 과정상 일어날 수 있는 혹시 모를 실수에 민원이 발생할까 두려워 머뭇거리게 되지 않을까?

예전에는 뉴스에서나 보았던 일들이 내가 근무하는 학교에서도 일어나면서 교사 집단을 위축되게 한다. 이런 상황에서는 점점 예전에 내가 해 오던 방식으로는 더 이상 아이들을 가르치기가 어렵다. 내가 가르치는 방식을 바꾸는 것도 쉽지 않다. 교사 연수 때 잠깐 배운 것을 교실에서 응용해 보지만 이내 한계에 다다르고 다시 원래 방식으로 돌아간다. 교사는 가르치는 것은 익숙하지만 무엇을 배우는 데는 익숙하지 않다. 개정 교육 과정 체제가 유지되면서 교과서도 자주 바뀌고 수업 자료와 평가도 담임이 직접 제작해야 한다. 끊임없이 연구하고 배우지 않고는 살아남을 수 없는 곳에서 버티는 것에도 한계가 왔다. 그렇게 교사도 나이가 들어간다.

젊은 시절에 뜨거운 열정이 없던 교사가 어디 있겠는가? 아이들과 친구처럼 지내보지 않은 교사가 어디 있겠는가? 하지만 점차 나이가 들면서 3월에 교실로 들어가는 것이 두려워진다. 아이들이 나이 많은 교사를 그다지 좋아하지 않기 때문이다. 옆 반의 젊은 교사와 비교하는 아이들 뒤에는 학부모가 있다. 학부모 총회 때 담임을 소개하는 시간에 나이 든 교사를 따라가는 학부모의 웅성거림은 마치 담임이 나이 많은 교사라고 아쉬워하는 것처럼 느껴진다. 점점 교사로서 자신감을 잃어 가는 것이다. 교사가 승진을 준비하는 가장 큰 이유다.

미래에 대한 불안은 여기서 멈추지 않는다. 4차 산업혁명 시대의 꽃이라고 할 수 있는 AI는 우리 경제, 문화 등 삶의 많은 부분에 영향을 끼칠 것이다. 교육도 마찬가지다. AI 로봇을 교육 현장에 도입하는 실험을 진행하고 있는 핀란드 같은 나라가 점차 증가하고 있다. 하지만 AI에 교육을 맡기는 것에 의견이 분분한데 아직은 부정적인 견해가 더 많다. 미래에 AI가 대체할 직업군에 다행히도 교사는 포함되어 있지 않다고 하더라도 미래 학교에서 교사 역할에 많은 변화가 있을 것은 확실하다.

그 누구도 미래가 어떻게 다가올지 알지 못하기에 불안하다. 교사도 마찬가지다. 불안한 미래를 손 놓고 그냥 기다리고 있을 수는 없다. 『사피엔스』의 저자 유발 하라리는 현재 학교에서 가르치는 90%는 아이가 40대가 되었을 때 쓸모없을 확률이 높다고 말한다. 지금까지 속도보다 더 빠르게 변해 갈 불확실한 미래를 대비하여 교사는 무엇을 준비해야 할까?

04
교사의 현실, 수업과 업무 사이

학교라는 조직에서 교사가 맡게 되는 가장 중요한 업무는 무엇일까? 두말할 나위 없이 수업이라고 답할 것이다. 교사가 아닌 사람을 붙잡고 물어보아도 교사가 하는 가장 중요한 업무는 수업이라고 이야기할 것이다. 사실 이 질문은 당연하다. 교사에게 수업을 빼면 일반 회사원과 다를 바 없다. 그런데 교사로 임용되자마자 수업과 함께 패키지로 주어지는 업무가 있으니 바로 행정 업무다. 교사에게 이 행정 업무를 각 부서별로 나누어서 학교 행사 운영, 학생 활동의 제반 사항 관리 및 지도, 교실 및 특별실 관리, 교구 및 기구 구입과 관리 등 세세하게 배분한다.

이 행정 업무는 학교 규모에 맞게 고무줄처럼 늘어나, 교사 1명당 적어도 업무 하나씩 맡도록 잘 배분하는 것은 관리자가 갖추어야 할 덕목이자 골칫거리이기도 하다. 교사에게 학기 말은 학년을 정하는 문제와 더불어 어떤 행정 업무를 맡을지 정하는 기간이라 눈치 싸움이 치열하다. 학년과 행정 업무는 한번 맡으면 미우나 고우나 1년을 함께해야 하는 교사의 동반자인 셈이다.

그렇다고 행정 업무가 학교에서 사라져야 한다는 의미는 아니다. 물론 필요 없는 업무를 억지로 만들어 모든 교사에게 분배하는 방식은 마음에 들지 않지만, 모든 교사가 학교를 운영하는 데 함께 일을 해야 한다는 협력적인 목적에서 동의한다. 하지만 행정 업무를 교사 본연의 업무인 수업보다 더 우선순위에 두는 학교 내부의 분위기는 조금 불편하다. 그런 시스템이 교사로 하여금 협력적인 수업 연구 공동체를 구성하는 데 방해 요소로 작용한다.

그렇다면 교사는 왜 그리도 수업보다 업무에 더 신경을 써야 할까? 업무라는 것은 수업과 달리 혼자 하는 일이 아니기 때문이다. 수업은 준비하지 않고 책으로만 진행하거나 대충 시간을 보내도 잘 드러나지 않는다. 드러난다 해도 학생들이 지루해 하는 것을 견딜 수 있는 두꺼운 낯짝만 있으면 된다.

하지만 업무에서는 실수를 하면 피해가 일파만파로 퍼진다. 그리고 그 피해가 바로 드러난다. 나 혼자서 책임을 지는 것이 아니라 업무부장과 교감 선생님, 교장 선생님까지 책임 소재가 이어진다. 관리자가 업무로 교사를 평가할 수밖에 없는 구조다. 더구나 승진을 염두에 둔 교사라면 남들보다 더 많은 업무를 담당해야 하는 학교 구조상 승진을 준비하는 교사는 수업보다 업무에 신경을 쓸 수밖에 없는 것이다.

해마다 교사의 업무를 경감하는 대책을 내놓고 있지만, 오랫동안 관성적으로 운영해 오던 방식을 바꾸기는 쉽지 않아 보인다. 어떤 학교에서는 업무 전담 팀을 두어 몇몇 교사에게 업무를 몰아주고 담임에게는 업무를 주지 않는 방식을 택하기도 한다. 그 방식도 잘 정착하는 것 같지는 않다. 업무 전담 팀을 운영하려면 업무 전담 팀의 수업 시수를 줄인 만큼 담임의 수업 시수가 늘어나는데, 그것에 불만이 존재한다. 또 업무 총량을 줄이려는 노력은 선행하지 않은 채 업무 전담 팀에 업무 폭탄을 안기는 것이 과연 옳은지에 대한 논의도 아직 진행 중이다.

여기서 한 가지 의문이 생긴다. 교사는 왜 업무를 줄이는 것을 거부하기 어려울까? 학교에 오는 많은 공문은 학생에게 다양한 교육적 기회를 주려는 내용이 많다. 교사에게 이런 내용을 이야기하며 공문을 보여 주고 신청하라고 권유하는데 그것을 거부하기란 부담스럽다. 상대방은 일을 하기 싫어 학생에게 줄 교육 기회를 거부한다는 의미로 받아들일 수 있기 때문이다.

행정 업무의 많은 부분은 사회적 이슈가 생기면서 제정된 법률과 관계가 있다. 학교 폭력이 이슈가 되면서 학교 폭력 관련 법률이 제정되었고, 세월호 참사 이후에는 「국민 안전교육 진흥 기본법」이 제정되었는데 이 법률은 학교에서 교사가 처리해야 할 업무가 되었다. 교사가 어찌 법을 거부할 수 있을까? 그렇다면 교사는 이대로 업무 늪에 빠져 수업에 쏟을 힘을 소진해야 할까?

정책적으로는 교무행정 실무담당자 증원, 공모사업 관리시스템 도입, 관리자의 교사행정 업무 경감에 관한 컨설팅 의무화, 방과 후 업무와 돌봄교실 등 업무는 교실을 빌려주되 지방자치단체로 이관 등을 고려할 수 있다. 그리고 이 중 몇 가지는 교육부에서도 교원 업무 경감 우수 사례로 소개하고 있으니 단위 교육지원청에서도 참고할 만하다.

각 교사에게는 어떤 노력이 필요할까? 자녀가 3명인 가정주부가 있다고 하자. 아이들이 건강하고 행복하게 자라길 바라는 어머니다. 매일 아침 남편의 출근 준비와 아이들을 챙겨 학교에 보내고 집안일을 하고 나면 어느새 아이들이 집에 올 시간이다. 아이들이 돌아오면 저녁을 준비해서 함께 식사를 하는 일상을 보낸다. 그런 그녀를 돕겠다며 영양전문가, 수납전문가, 교육전문가 등 가정살림전문가를 보내 컨설팅을 받게 한다면 어떨까? 매주 먹을 식단과 간식을 정리하여 점검받고 매월 동네 가정주부 다모임에 참여해서 관리자의 동네 행사 계획도 듣고 가정별 역할도 할당받는다. 또 매년 가정살림박람회에 참여해서 우수 가정 사례를 들어야 한다. 자녀의 안전하고 행복한 생활을 위해 분기별 성교육, 안전 교육, 각종 폭력 예방 교육을 실시하고 횟수를 조사하여 제출해야 한다. 또 매월 집안 및 집 주변 시설물 안전 점검표를 작성하고…….

이처럼 아이들을 위한다는 명목으로 부모가 신경 쓰고 해야 할 일을 만들어 낸다면 끝도 없다. 그 많은 일에 파묻혀 가정에서 아이를 돌보아야 하는 주부는 과연 행복할까? 매일 잡다한 일에 파묻혀 스트레스가 쌓이다 보면 결국은 가장 사랑하고 잘 돌보아야 할 아이들에게 짜증을 내고 사랑의 말 한마디 전하지 못하는 아이러니한 상황이 생기는 것이다.

그런 부모가 돌보는 아이는 행복할까? 일에 치여 미처 감지하지 못한 자녀의 불만이 쌓여 문제 행동으로 나타날 때, 그 부모는 어떻게 해야 할까? 하던 일을 멈추고 아이에게로 향해야 한다. 그리고 자녀와 관계를 회복하고자 무엇을 해야 할지 선택하고, 그것을 방해하는 일부터 끊어 내야 한다.

교사도 마찬가지다. 학생들이 배움의 즐거움을 누릴 수 있는 수업 준비, 고민 상담 등 학생과 직접적인 관련이 있는 업무에 우선순위를 두자. 우리가 학교에 있을 때는 교장 선생님과 교감 선생님을 위한 교사가 아니라 학생들을 위해 존재하는 교사임을 생각하자.

조직시스템이 많은 병폐를 안고 있을 때 그것을 대하는 두 가지 부류가 있다. 한 부류는 시스템의 병폐를 인지하고 있지만 그 시스템에 적응하여 바꾸기보다는 살아남기를 선택한다. 다른 부류는 시스템의 병폐를 인지했을 때 그것에 대한 적극적 대안을 마련하여 더 나은 것으로 변화를 추구하려고 노력한다. 사실 오랜 시간 이런 병폐가 유지되어 온 것은 시스템에 적응하여 각자 열심히 살아남은 부류가 더 많았기 때문일 것이다.

『예루살렘의 아이히만』의 저자인 철학자 한나 아렌트는 독일 전범인 아이히만이 유대인 포로 600만 명을 죽음으로 내몬 이유가 단지 위에서 내린 명령에 따랐을 뿐이라는 항변과 마주한 후 악의 평범성을 서술한다. 그것의 결론으로 "악이란 시스템을 무비판적으로 받아들이는 것이다."라고 말했다. 다시 말해 자신이 속한 조직시스템에 대한

비판적 의식이 없는 사람은 그 조직의 병폐를 공고화하는 데 앞장설
수 있다는 것이다. 내가 학교라는 조직에서 주어진 역할을 그저 열심
히 하는 것과 그 역할의 의미를 한 번쯤 깊이 고민해 보는 것의 차이
는 분명 다를 것이다.

05
학부모와 교사의 '보이지 않는 선'

아이들과 학교에서 생활하다 보면 크고 작은 사고가 끊임없이 이어진다. 교사로서 가장 마음이 편하지 않은 문제는 바로 폭력에 관한 것이다. 다툰 아이들을 불러서 이야기하다 보면 사실 마음이 편하지 않다. 둘 다 이야기를 들어 보면 나름 이유가 있다. 아이들의 관계를 누구보다 잘 아는 담임 선생님이기에 그렇다.

하지만 내가 한 아이의 부모였다면 상황은 달랐을 것이다. 부모라면 상대방 아이에게 더 큰 잘못이 있다고 생각할 수밖에 없는 위치일 테니 말이다. 이 부분에서 교사와 학부모의 갈등이 시작된다. 학부모는 교사가 자기 자녀를 오해하고 있다 판단하고, 교사는 학부모가 자기 자녀만 감싸고 돈다 생각한다.

사실 학교에서 아동의 문제 행동을 지도하고 그 내용을 가정에 전하면, 가정에서는 학교에서 지도한 내용을 참고하여 가정 분위기에 맞게 고민하고 지도하는 것이 명확한 길이다. 하지만 그렇게 하기는 쉽지 않다. 요즘 같이 교권이 떨어진 사회에서 내 자녀에 대한 좋지 않은 이야기를 학부모가 과연 어떻게 받아들일지 고민하게 된다. 수많은 학부모와 교사 간 갈등을 다룬 뉴스는 교사 스스로도 아이들을 객관적으로 파악하고 있는지 끊임없이 의심하며 자기 검열을 하게 한다. 솔직히 서로를 100% 신뢰할 수 없게 하는 시스템이 불편해서 피하고 싶은 마음도 있다.

하지만 피한다고 상황은 정리되지 않는다. 오히려 왜곡되어 불신만 쌓인다. 교사가 아이의 다툼을 제때 중재하지 못해서 아이들의 싸움이 부모들의 싸움으로 확대되는 것을 얼마나 많이 보아왔던가? 부모 간 갈등은 결국 교사 책임으로 전가되고 아이들에게로 그 피해가 전해진다. 학부모와 교사의 갈등은 결국 승자 없는 치킨게임으로 귀결되고 만다.

『동아일보』는 디지털 교육 기업인 아이스크림미디어와 함께 2019년 4월 25일부터 5월 1일까지 초등 교사 1972명, 초등 학부모 1533명 등 3500여 명을 대상으로 '서로에 대해 말하지 못한 속내'란 주제로 설문조사를 실시했다. 그리고 그 결과를 기사화했는데, 교사와 학부모의 보이지 않는 선을 잘 보여 준다.

먼저 교사들에게 '학부모 때문에 힘들었던 경험이 있는지'를 물었더니 93.1%가 '있다'고 답했다. 학부모들에게 '교사 때문에 힘든 적'을 물

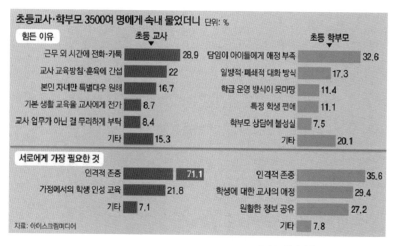

초등교사·학부모 3500여 명에게 속내 물었더니 단위: %

힘든 이유	초등 교사		초등 학부모	
근무 외 시간에 전화·카톡	28.9	담임이 아이들에게 애정 부족	32.6	
교사 교육방침·훈육에 간섭	22	일방적·폐쇄적 대화 방식	17.3	
본인 자녀만 특별대우 원해	16.7	학급 운영 방식이 못마땅	11.4	
기본 생활 교육을 교사에게 전가	8.7	특정 학생 편애	11.1	
교사 업무가 아닌 걸 무리하게 부탁	8.4	학부모 상담에 불성실	7.5	
기타	15.3	기타	20.1	

서로에게 가장 필요한 것				
인격적 존중	71.1	인격적 존중	35.6	
가정에서의 학생 인성 교육	21.8	학생에 대한 교사의 애정	29.4	
기타	7.1	원활한 정보 공유	27.2	
		기타	7.8	

자료: 아이스크림미디어

– 아이스크림미디어 설문 통계, 「동아일보」

었을 때 20%만이 '있다'고 답한 것보다 압도적으로 많아 대조를 이뤘다. 어려움에 대해 교사의 10명 중 8명 이상(85.2%)은 '학부모에게 말 못한' 것으로 파악됐다. 교사들은 민원 등 더 큰 문제로 이어지거나(50.7%) 학부모가 기분 나빠 할 것(24.3%)을 우려해 속앓이를 하는 것으로 나타났다. 반면 학부모들은 교사들과는 반대로 '할 말은 하는' 분위기로 파악됐다. 학부모 10명 중 6명이 '담임에게 요청 사항을 말 못한 적 없다(64.6%)'고 답했다.

– 「동아일보」

이 설문조사 결과를 통해 알 수 있는 사실은 비교적 명확하다. 교사는 자신의 교육 철학과 지도 방침에 대한 인격적 존중을 원하고, 학부모는 아이에 대한 애정을 원한다. 그렇다면 어떻게 교사와 학부모의 간극을 줄일 수 있을까?

가장 중요한 점은 교사와 학생의 관계를 회복하는 것이다. 학생과 관계가 좋지 않으면 문제 행동을 했을 때 감정적으로 대응하는 경우가 있다. 예전부터 쌓여 온 감정이 문제 행동을 훈육하는 과정에서 터지게 되는 것이다. 감정적으로 학생을 대하면 훈육이 아니라 긴장 상태에 놓이고, 인격적 대화가 아니라 강압적 통제의 장이나 심하면 교권 침해의 현장으로 변질된다.

몇 년 전부터 학급긍정훈육법이나 회복적 생활교육에 교사들의 관심이 뜨겁다. 학생인권조례와 관련하여 교사들은 지금까지 학생을 훈육해 왔던 방법과 철학에 관한 전환점에 서 있기 때문이다. 체벌 없이 학생을 통제하기가 불가능하다 믿어 왔던 교사들의 설 곳이 점차 줄어들고 있다. 이제는 우리가 받은 방법대로 학생을 훈육하고 지도하면 안 되는 상황에 직면했다. 학생과의 관계 개선과 감정적으로 학생을 대하고 나서 후회하는 경우가 많다면 다른 방법을 고민하고 배워야 한다. '예전에는 이렇지 않았는데' 하는 과거에 갇혀서는 달라지는 것이 없다.

학생과 관계를 개선했다면 이제는 학부모와 소통할 차례다. 나는 학부모 알림장이란 이름으로 학급 이야기를 글로 써서 보낸다. 학부모에게 필요한 교육 철학, 담임 교사로서 교육 철학, 학교에서 아이들의 갈등, 수업 활동 내용 등 많은 이야기를 글로 써서 2주일에 한 번씩 배부한다.

글을 쓰면서 교사로서 부끄러운 고백도 하고, 학부모에게 부끄럽지 않기 위해 내 교육 철학도 세워야 했다. 그 글에 학부모도 답장을 보내 오면서 점점 소통하기 시작했고 서로의 진심도 만나게 되었다. 교사가 가진 신념과 철학을 잘 아는 학부모는 교사의 말을 온전히 믿어 주었고 결국 자녀의 교육 문제를 함께 고민하는 사이로 발전했다. 물론 글을 쓰는 것이 힘들기는 하지만 학부모와 교사의 소통이 교실을 어떻게 변화시키는지 경험하니 다른 업무는 미루어도 학부모 알림장만은 미룰 수 없게 되었다. 자세한 내용은 뒤에서 다시 언급할 것이다.

학교 공간에서 교사와 학부모의 보이지 않는 선은 존재한다. 교사와 학부모는 학생을 바라보는 관점과 학생의 관계가 다른 것에서 오는 불편함을 인정하자. 하지만 그 선을 넘어서야 학부모와 관계가 그렇게 불편하지만은 않다는 사실도 알게 된다. 교사가 용기 있게 먼저 선을 넘어 보는 것은 어떨까?

06

동료성 상실의 시대에 집단 지성의 힘을!

오래전부터 교실을 섬이라고 생각했다. 한번 들어가면 나오기 힘든 섬 같은 공간, 들어가면 내가 무엇을 하든 아무도 신경 쓰지 않는 섬 같은 공간 말이다. 수업 준비든 업무든 교실에서 하는 것이 편하다. 회의가 있으니 연구실로, 교무실로 모이라는 말은 참 성가시게 들린다. 요즘은 다들 회의라는 이름을 싫어하니 '다모임'이라고 부르는데, 다 모이게 해서 전달하는 것은 별반 다르지 않다. 전달은 메신저로 하면 되는데 굳이 왜 모이게 해서 전달할까? 그것도 모이는 시간이 점심시간이나 쉬는 시간이면 아이들끼리 있는 반에서 어떤 일이 생길지 몰라 더 신경이 쓰인다. 수업이 끝나고 나면 교실 문을 닫고 컴퓨터만 보면서 일을 한다. 교사가 교실이란 섬에 자발적으로 갇힌다.

교실에 있다 보니 처음에는 편하고 좋았지만 문득 궁금했다. 나는 지금 업무를 잘하고 있나?, 나는 수업을 잘하고 있나?, 나는 아이들 생활지도를 잘하고 있나?, 교실은 이 정도로 꾸미면 될까?, 옆 반 선생님은 어떻게 수업을 할까? 등 질문이 점차 머릿속에서 증식하며 불안해진다. 불안함은 타인과 나를 비교하고 싶도록 유혹한다. 하지만 불안한 마음을 대놓고 들키고 싶지는 않다. 아주 자연스럽게 스치듯이 보아야 한다.

다른 반은 수업 시간이고 나는 전담 시간이다. 출력한 문서를 가지러 연구실로 가면서 기회를 잡아 동료 교사의 교실을 슬쩍 보려고 했다. 하지만 고개를 돌렸다가 수업 중인 교사와 눈이라도 마주치면 난처한 상황이 발생할 수 있다. '내가 무슨 볼일이 있다 생각하고 밖으로 나오면 어떡하지?' 그렇다고 고개를 숙이면 보이지 않는다. 그래서 처음에는 온 신경을 귀에 집중한다.

연구실에 들렀다가 올 때는 조금 더 대담해진다. 교실 앞에서 뒤로 지나가는 순간이다. 수업을 듣는 아이들의 얼굴이 보인다. 교실 뒤 게시판도 보인다. 아이들을 혼내는 교사의 목소리도 들린다. 우리 반 교실 문을 열며 다른 반과 비슷함에 안심한다.

오랜만에 연구실에서 동학년 회의가 있다. 수업이 끝난 후라 좀 낫지만 업무를 남겨 두고 나오는 발걸음이 편하지 않다. 회의 주제는 다음 주에 있는 학년 행사 추진에 관한 내용이다. 학년 전체 행사는 그만큼 많은 사람이 관심 있게 지켜보며 교사의 역량을 평가하는 자리이기 때문에 동학년의 팀워크가 중요하다. 학년에 피해를 주지 않으려고 최선을 다해서 준비한다. 회의는 잘 마무리했다.

다시 교실이란 섬으로 돌아간다. 교사에게 주어진 업무는 궁극적으로 학생들을 위한 것이라는데, 정작 업무와 수업 준비가 상충될 때 많은 교사가 수업 준비를 포기한다. 업무를 포기하면 업무로 얽힌 많은 교사에게 피해를 주고 그에 따른 책임을 져야 하지만, 수업 준비는 포기해도 수업은 어떻게든 할 수 있기 때문이다. 교사 자신의 좌절감만 잘 다스리면 되고, 학생들에게 제대로 준비한 수업을 하지 못했다는 죄책감은 시간이 지나면 조금씩 무뎌지기 때문이다. 그렇게 서로 소통하지 않지만 교실의 모습은 다르게 비슷해진다.

자신이 수업에 실패한 경험을 동료 교사에게 드러내는 일은 부끄럽다. 슬픔은 나누면 약점이 되고 기쁨은 나누면 질투가 된다는 속설이 교사 집단에도 통용된다. 교사는 모범생 집단이다. 모범생 집단은 시험 기간에 얼마나 공부했는지 물어보지 않는다. 물어볼 필요가 없기 때문이다. 돌아오는 대답은 뻔하다.

"어제 일찍 잤어. 공부 하나도 못했어." 서로를 견제하며 실패를 보험 드는 말들로 약점을 드러내는 듯하지만, 약점을 숨기는 데 익숙하다. 그런 선배 교사들의 분위기에 후배 교사들도 약점을 드러내고 도움을 구하지 못한 채 다시 교실이란 섬에 들어간다.

이런 학교 분위기에서 교사 성장은 정체할 수밖에 없다. 교사 혼자할 수 있는 일이 과연 얼마나 될까? 동학년으로 모인 그룹 분위기가 좋아 활력이 넘친다고 할지라도 각자 수업에 대한 고민을 나누고 교육 철학에 대한 부재, 생활지도의 어려움을 털어놓지 않는다면 회의에서와 회식 자리에서 분위기는 좋을지 몰라도 각자의 성장은 없다. 서로 약점을 이해하고 타인의 도움을 갈구할 때가 바로 각자의 성장이 시작되는 지점이다.

> 그날 몇 건의 교통사고로 몇 사람이 죽었고 그날 시내 술집과 여관은
> 여전히 붐볐지만 아무도 그날의 신음 소리를 듣지 못했다. 모두가 병들
> 었는데 아무도 아프지 않았다.
>
> — 『뒹구는 돌은 언제 잠 깨는가』 중 「그날」, 이성복

이성복 시인의 시집 『뒹구는 돌은 언제 잠 깨는가』에 실린 「그날」이라는 시의 한 구절이다. 모두가 병든 상황임에도 아무도 주변의 신음 소리를 듣지 못하고 아파하지도 않을 만큼 우리의 일상적인 둔감성을 비쳐 보게 하는 시다. 시인은 『뒹구는 돌은 언제 잠 깨는가』 후기에서 '아픔'을 이렇게 기술한다.

> 우리 몸 어딘가가 썩어들어 가는데도 아프지 않다면, 이보다 더 난처한
> 일이 있을까? 문제는 우리의 아픔에 있는 것이 아니라, 우리를 아프게
> 하는 것들에 있다. 오히려 아픔은 〈살아 있음〉의 징조이며, 〈살아야겠
> 음〉의 경보라고나 할 것이다.

교사는 모여야 한다. 모여서 각자 아픔을 이야기해야 한다. 이 아픔이 어디에서부터 시작했는지 찾는 문제는 그다음이다. 나뿐만 아

니라 다른 교사의 아픔까지 인식하고 공감하는 행위는 교사로 제대로 살고 싶다는 강한 의지의 산물이다. 이 동료성이 부재한 시대에 집단 지성, 전문적 학습공동체, 학내 교원동아리 등 교사 모임을 유도하는 여러 정책이 눈에 띈다. 교사 각자가 자기 학급만 잘 챙기고 자기 수업만 잘하면 된다는 생각이 만연하는 행태는 결과적으로 더 이상 학교공동체가 성장하지 않고 있음을 반증한다. 교사 자신이 협력의 본질을 깨닫고 그 과정에서 성장한 경험 없이 어떻게 아이들에게 협력의 가치를 전할 수 있을까? 이런 모순된 상황을 넘어서려면 함께 모여 살아가는 이야기를 듣는 모임을 활성화해야 한다. 그러려면 관리자의 리더십이 필요하다. 학년 및 업무 부장을 임명하고, 부장들에게 학년 모임을 위임하는 것에 그치지 않아야 한다. 교사 모임을 리드할 수 있는 교사를 찾아 함께 공부하고, 꾸준히 모임을 유지할 수 있도록 지원하는 것이 제대로 된 학교 관리다.

> 더 빠르게 움직이고, 더 유연하며, 더 건강한 회사를 원한다면 직원들이 '고객'과 '시장'에 집중할 수 있는 분위기를 만들어 주어야 한다. 이것이야말로 '의미' 있는 방식이며, 진정한 리더십이다. 의미를 부여하는 것이 리더의 역할이며, 이런 리더십을 발휘하는 사람이 성공을 거둔다.
> — 『언리더십』, 닐스 플레깅

닐스 플레깅의 이 글은 비단 기업에만 해당하지 않는다. 관리자는 교사가 교실에서 학생들과 의미 있는 수업을 준비하려면 서로 필수적으로 협력해야 함을 알아야 한다. 그런 분위기를 조성할 수 있도록 모든 역량을 기울여 각 교사가 조직에 의미 있는 동료 교사로 설 수 있도록 도와주어야 한다.

동료성이 상실된 시대이지만, 우리는 다시 동료에게 희망을 걸어 본다.

퇴근, 교사에게는
힐링캠프가 시작된다

교사는 타 직종보다 퇴근 시간이 이른 편이다. 점심시간조차 온전히 식사하는 데 집중할 수도 없고 해서도 안 되는 아이들을 지도하기에 8시 40분까지 출근해서 8시간 근무하고 나면 4시 40분에는 퇴근할 수 있다. 물론 교직원 연수나 각종 행정 업무로 바쁘게 시간을 보내고 수업 준비까지 하다 보면 더 늦어지기도 하지만, 보통은 6시 전에 퇴근한다.

결혼 전, 총각 때는 학교 일을 집에 들고 와서 일기 검사도 하고 수업 준비도 하곤 했다. 시골 학교로 발령이 났고 가까이 지낸 친구들과도 멀리 떨어져 있어 평일에는 친구를 만나기가 쉽지 않았기 때문이다. 또 젊은 남자 교사에게는 학교 일이 많이 주어지기도 했다.

학교보다는 집이 편했기에 밀린 수업 준비는 집에서 했다. 나는 하루살이처럼 매일 그다음 날 수업을 준비하는 것만도 버거운데, 선배 교사들은 학교 업무를 끝내고 나면 다음 날 수업 준비는 하지 않고 그냥 퇴근하는 것이 신기했다. 다들 집에서 수업을 준비하는 줄 알았지만, 꼭 그렇지도 않은 것 같았다. 경력이 쌓이면 시간을 많이 들이지 않아도 자연스레 수업을 할 수 있다고 했다. 신규 교사인 나는 이해할 수가 없었다. 다음 날 수업을 과목마다 그 전날 준비하지 않으면 불안해서 잠을 잘 수가 없었다. 일주일 치 수업 준비는 감히 꿈도 꾸지 못했다. 그래도 그때는 행복했다. 집에 와서 열심히 수업을 준비하고 나면 그다음 날 열심히 준비한 수업을 할 생각에 설레었으니까 말이다.

지금은 그럴 수가 없다. 나도 가족이 있기 때문이다. 두 아들이 아빠인 나를 가만두지 않는다. 야구를 좋아하는 두 아들은 야구 연습을 해야 한다며 매일 캐치볼을 하러 가자고 조른다. 어쩌겠는가? 야구를 좋아해서 사회인 야구를 하는 아빠 때문이다. 아들을 둔 아빠의 로망이 아들과 좋아하는 운동을 하는 것이라던데, 나에게는 퇴근 후 아들과 캐치볼을 할 수 있는 시간적 여유가 있었다. 덕분에 다른 집 아이들까지 하나둘 참여하여 어느새 야구팀까지 생겼다. 하지만 시간이 지나면서 아들이 아빠의 존재를 부담스러워 했다. 이제는 친구들끼리 하는 것이 더 좋은 모양이다.

일주일에 한 번씩은 사회인 야구를 하며 운동을 꾸준히 하고 있다. 생활의 활력을 위해 취미 생활은 꼭 필요하기에 아내도 선뜻 허락해 주었다. 하지만 일주일 중 야구를 하는 날을 제외한 일상은 매일 이렇다.

집에 돌아와서 온 집안을 초토화시켜 놓은 아들을 째려보며 어지러운 바닥을 정리한다. 학교에서 간신히 참았던 화가 마음 편한 집에 와서야 급상승하기 시작한다. 집을 정리한 후 피곤한 몸을 소파에 던지듯 파묻고 스마트폰을 꺼내 든다. 학교에서 보지 못했던 하루 뉴스를 스캔한다. 그러다 포털 사이트 전체를 옮겨 다니며 움직이는 짤막한 동영상을 보며 킥킥거린다.

어느새 저녁 먹을 시간이다. 퇴근 후 저녁을 준비하는 아내와 함께 식탁을 정리하고 식사 준비를 한다. 그래도 아이들과 저녁을 함께 먹을 수 있어 얼마나 감사한 일인가? 저녁을 먹은 후 아들에게 공부를 가르친다. 아들이 학원을 가고 싶어 하지 않고 우리 부부도 학원이 아이들 공부 습관을 형성하는 데 큰 도움이 되지 않음을 알기에 보내지 않는다. 아들을 가르치며 교실에서 간신히 참았던 화가 다시 올라온다. 자녀 공부는 가르치는 것이 아니라는 현자들이 한 말에 수긍한다. 간신히 공부를 마치고 나면 아이들의 자유 시간이다. 다시 소파에 앉아 스마트폰으로 눈길을 돌린다. 얼마 후, 아이들을 씻기고 재우고 나면 10시가 조금 넘는다.

그 이후가 진짜 내 시간이다. 몇 년 전까지는 그 소중한 시간을 유튜브로 야구 관련 동영상을 보며 지냈다. 가끔씩 책도 읽고 글도 쓰기는 했지만, 대부분은 스마트폰으로 쇼핑 목록을 찾거나 유튜브를 보며 지냈다.

그 시간이 행복했다면 다행이지만, 늘 마음 한구석이 불편했다. 퇴근 후 뻔한 일상과 공허함이 점점 가슴을 찔렀다. '오늘도 별 의미 없

이 보냈구나.'

결혼 전에는 밤늦게까지 수업 준비를 하고 나면 뿌듯함과 내일에 대한 설렘이 있었는데, 어느덧 중년 교사로 접어드니 수업 준비는 학교에서 대충 끝내는 교사가 되어 버린 듯했다. 주말이 끝날 때면 내일이 월요일이라는 것이 싫었다. 학교에 가기 싫었다. 공허함을 채우려고 쇼핑도 했다. 하지만 그 순간뿐이었다.

하루는 수업 시간에 '나의 미래 명함 만들기'를 하고 발표하는 활동을 했다. 아이들 발표가 다 끝나고 수업을 마칠 무렵, 한 아이가 나에게 질문을 던졌다.

"선생님 꿈은 뭐예요?"

그 말에 한참을 머뭇거렸다. 나는 꿈이 없었다. 교장이 되는 시스템은 내 가치관과 맞지 않았지만 그렇다고 퇴직할 때까지 아이들을 가르치는 일은 쉽지 않았다. 그렇게 대답을 머뭇거리던 10초 남짓 동안 머릿속으로 많은 생각이 스쳐 갔다. 결국 이렇게 대답하고 말았다.

"선생님 꿈은 선생님이 되는 것이었어."

과거에 갇혀 버린 이상한 대답에 아이들은 환호했다.

"선생님은 꿈을 벌써 이루었네요."

"으응, 그렇지……."

수업이 끝나고도 그 질문이 계속 머릿속을 맴돌았다. 나에게는 사실 꿈이 없었다. 꿈이 없다는 사실을 받아들이기가 힘들었지만 인정할 수밖에 없다. 그 사실이 너무 괴로웠다. 그리고 우울했다. 나에게 다시 가장 기본적이고도 철학적인 질문을 했다.

'나는 누구인가?'

'나는 무엇을 할 수 있을까?'

'내가 뭘 해야 행복할 수 있을까?'

한참을 방황하며 지냈다. 겉으로는 좋은 선생님으로 둥글게 살고 있었지만 속으로는 수없이 많은 모서리가 생겼다. 답을 찾고 싶었다. 그러다 학기 초부터 참여했던 교사독서모임에서 한 강사를 만나고는 생각을 전환하게 되었다. 그 강사는 교사를 그만두고 작가로서 새로운 인생을 살고 계셨는데, 그분이 한 말씀이 나를 울렸다.

"선생님이 하는 수많은 고민이 바로 꿈의 씨앗입니다. 그러니 그 고민을 사랑하세요. 선생님은 먼저 선생님 마음을 돌보아야 합니다."

그랬다. 나는 나를 사랑하고 있지 않았다. 아이들을 사랑해야 한다고 수없이 다짐하고 실천하려고 했지만 모래 위에 짓는 성처럼 나를 사랑하지 않았기에 쉽게 무너지는 경험을 했다. 내 마음을 돌보지 않았기에 아이들 마음도 보이지 않았다. 학교에서 가정에서 직장에서 다른 사람의 상처 주는 말에 괴로워했다.

함께 강의를 듣던 교사가 한 조언에 따라 책을 찾아 읽었다. 그리고 교사가 된 후 처음으로 새로운 꿈을 꾸었다. 바로 내가 가장 잘할 수 있는 '글을 쓰는' 작가가 되고 싶었다. 글을 쓰려면 필연적으로 좋은 글을 많이 읽어야 했는데, 책을 읽으면서 그 책에서 소개한 또 다른 책을 찾아 읽었다.

우리가 읽는 책이 머리를 주먹으로 한 대 쳐서 우리를 잠에서 깨우지 않는다면, 도대체 왜 그 책을 읽는 거지? 책이란 무릇 우리 안에 있는 꽁꽁 얼어 버린 바다를 깨뜨리는 도끼가 아니면 안 되는 거야.

– 프란츠 카프카가 친구 오스카 폴락에게 보낸 편지 중에서

카프카의 말처럼 나에게 책은 도끼였다. 내 안에 안주하고 있던 습관적 나태함을 깨는 도끼였다. 그리고 나에게 향하는 내 강박적 비난을 막아 준 방패였다.

새로운 꿈을 꾸며 내 삶은 많이 달라졌다. 아이들을 재우고 난 후 나에게 주어진 소중한 시간에 책을 읽고 글을 쓴다. 물론 아무것도 하기 싫어 쉴 때도 있지만 비난은 거두기로 했다. 가장 중요한 점은 지금 내 마음이 무엇을 원하는지 아는 것이다. 나를 사랑해야 타인의 삶도 인정할 수 있는 여유가 생기는 것을 깨달았기 때문이다. 내가 원하는 휴식 이후 다시 시작될 내일의 출근을 기다린다.

01

교사의 교육 철학에는 'I'가 있다

'나는 누구인가?'라는 질문을 한 적이 있는가? '어떻게 살면 좋을까?', '무엇을 하며 살까?'에 대한 질문보다 '나는 누구인가?' 하는 질문에는 쉽게 답이 떠오르지 않는다. 그래서 일생토록 그 질문을 안고 살아가지만 정작 답은 찾지 못한 채 삶을 마감하는 사람이 얼마나 많은가. 나에게 주어진 일로도 충분히 힘들고 바쁜 삶의 속도에서 그 질문이 사치스럽게 느껴지기도 한다. 하지만 문득 이렇게 사는 것이 맞는지 회의감이 들 때면 삶의 동력을 잃어버린 것 같아 좌절한다. 그 좌절이 보통 내 잘못이 아님에도 가장 사랑해야 할 나에게 모든 비난을 퍼붓는다.

나에게는 예스맨이라는 별명이 있다. 그 말이 싫었다. 하지만 좋은 사람이라는 말로 포장된 예스맨은 나를 움직이는 힘이 되었다. 다른 사람에게 좋은 사람이고 싶었으며, 학교에서는 좋은 교사이고 싶었다. 집에서는 좋은 남편과 좋은 아빠이고 싶었다. 그 별명은 나를 곧 좋은 사람이라고 인정해 주는 것 같았다. 예스맨이란 별명은 철저히 다른 사람의 기준에 맞추어 살고 있다는 뜻이었다.

언제부터인가 아들이 '예스맨'이라고 나를 놀리기 시작했다. 내가 할 수 없는 상황이었음에도 잊어버리고 누군가의 부탁에 "네."라고 대답했던 적이 있었다. 그 후에 다시 사정을 설명하며 거절하는 과정에서 상대방이 "예스맨이시네요."라고 말하는 것을 들은 후부터였다. 아이들이 잠자리에 들기 전에는 항상 내가 물을 가져다준다. 하루는 귀찮아서 "너희가 가져다 마시면 안 될까?"라고 말했다. 그러자 아이들이 "아빠는 예스맨이잖아."라고 말했다. 순간 이 말이 마음을 찔렀다.

결국 물을 떠서 아이들에게 주었고 한동안 그 말을 계속 곱씹었다. 이제는 거절하는 법을 배워야 할 때가 되었다. 하지만 어릴 적부터 살아왔던 방식을 바꾸기는 쉽지 않다.

'난 어쩌다가 예스맨이 되었을까?'

그 후로 오랫동안 왜 그리도 바보 같이 살고 있냐며 스스로를 채찍질했다. 그 말로 나를 얼마나 때렸을까? 가끔씩 아이들의 부탁에 이유 없이 짜증이 났고 이런 사소한 것에도 화가 나는 내가 싫었다.

사실 나는 어렸을 때부터 말을 더듬었다. 형이 말을 더듬는 것을 따라 하던 행위가 내 정신까지 지배했고, 그 이후부터 말을 더듬게 되었다. 말을 더듬고 난 후로는 다른 사람과 대화하는 것이 두려웠다. 내 속에는 수많은 감정이 있었지만, 그 감정을 표현하는 데 한참을 헤매고 머뭇거리는 상황을 겪으며 표현하지 못한 감정이 쌓였다. 그래서 말을 많이 해야 하는 상황이 오면 의도적으로 피했다. 말을 길게 해야 하는 상황 중 하나가 바로 누군가의 부탁을 거절하는 일이다. 부탁을 거절하려면 이유를 설명해야 하는데, 말을 길게 해야 하는 상황이 싫어서 부탁을 수용하는 편을 택했다. 수용하는 것은 "네." 한마디면 되니까.

내가 예스맨이 된 이유는 결국 말을 더듬는다고 다른 사람이 놀리지 못하도록 보호하려던 것이 아니었을까? 그 속에는 결국 말을 더듬는 것이 부끄러워 자신을 보호하려던 한 아이가 웅크리고 있었다.

왜 그 마음을 몰랐을까? 그렇게 행동한 내 진짜 마음을 모르고 비난만 했으니 얼마나 힘들었을까? '넌 최선의 선택을 한 것이야' 하고 나를 위로하는데 갑자기 뭔가 울컥하더니 눈물이 났다. 오랜만에 어린아이처럼 펑펑 울었다. 그리고 평온함이 찾아왔다. 그 후로 나에 대해 생각하는 시간이 많아졌다. 내 마음이 평온한 상태에서 아내와 아들을 대하고 학교에서 학생들을 대하니 그들 또한 평온한 마음을 느낀다는 것을 경험했다.

다시 처음 질문으로 돌아가 보자. 나에 대한 질문을 외면하며 살아가는 사람은 남이 정한 기준대로 살아갈 가능성이 크다. 그 질문을 교사에게 적용해 보자. 내가 누구인지에 대한 질문 없이 살아가는 교사는 교과서, 교육 과정, 동료 교사가 정한 교육 활동대로 따라갈 가능성이 크다. 많은 교사가 교사 정보 공유 커뮤니티에 자신이 제작한 수업 활동 자료를 업로드하거나 타인이 제작한 수업 자료를 다운로드하여 수업에 활용한다. 나는 주로 다운로드하여 사용하는 경우가 많았다. 인디스쿨에서 그 차시에 해당하는 자료를 검색하여 다운로드하면 먹을 양식을 창고에 쌓아 둔 것마냥 마음이 든든했다. 그것으로 수업 준비는 끝났다. 그 자료를 바로 수업에 활용하면 되니까 말이다.

화려한 프레젠테이션 자료와 완벽해 보이는 활동지 자료가 준비되었다. 이제 수업 시간이 왔다. 아이들은 프레젠테이션 자료의 애니메이션 효과에 잠시 열광하지만 이내 잠잠하다. 내가 만든 자료가 아니기에 단지 다음 슬라이드로 넘기기만 할 뿐이다. 프레젠테이션을 급하게 마무리하고 활동지를 배부한다. 활동지는 교과서만 찾아보면 괄호를 채울 수 있게 아주 친절하게 완벽한 틀을 갖추고 있다. 그것으로 아이들이 무엇인가를 스스로 하는 듯하지만, 그 속에 내가 가르치는 아이들과 내 이야기는 없다. 화려한 자료와 활동지로 무장한 수업이지만 수업이 끝나면 죄책감이 든다. 내 수업을 누군가에게 준 것만 같다. 이후로 한동안 그 커뮤니티에는 접속하지 않았다.

좀 더 편하고자 다른 사람이 제작한 수업 자료를 활용하면서 결국 내 수업 연구의 패턴이 되었는데, 이것이 교사로서 매너리즘에 빠지게 했다. 내가 재미없는 수업은 결국 내가 행복할 수 없는 수업이 된 것이다.

교사로서 일상화된 패턴이 지루하다면 나에 대해 생각해 보자. 내가 지금 무엇을 원하고 있는지? 내가 무엇을 해야 행복할 수 있는지? 교사로서 내 안의 소리에 귀를 기울여 보자.

02

학교, 교육 철학의 베이스캠프

부끄럽지만 교사가 되고 한참 후에서야 학교는 무엇일까 생각해 보았다. 처음으로 1학년 담임을 맡은 것이 그 계기였다. 학교에 처음 입학하는 아이들은 학교를 어떻게 생각할까? 또 학부모는 학교를 어떻게 생각하고 있을까? 아이들에게 학교를 어떻게 설명해야 할지 한참을 고민했다. 때마침 EBS에서 '교육 대기획 초대형 교육 프로젝트'란 명목으로 〈학교란 무엇인가?〉 프로그램을 방영하고 있었다. 관심 있는 주제라 열심히 챙겨 보고 출간한 책도 읽어 보았다. 이 책의 서문에서는 이렇게 이야기한다.

밖으로 나가서 '학교란 무엇인가'에 대해 닥치는 대로 질문을 던졌다. 참 많은 사람들을 만났다. 그리고 그 많은 사람들은 한결같이 뜨거웠다. 생각만 해도 숨이 막히고 마음이 절절 끓어오르는 듯했다.

"학교란 무엇입니까?"

우리가 던진 단순한 질문에 봇물처럼 쏟아지는 대답들…….

교육은 더 이상 어떤 계층이나 연령의 문제가 아니었다. 배움의 기록은 우리 내면에 남아 있었고, 그 방식은 계속해서 우리 삶에 영향을 미쳤다. 지식만 주입식이 아니었다. 미래가 불안하다는 주입식은 어떤 논리보다 강력하게 우리 영혼을 약하게 만들고 있었다.

그러나 지금의 교육 현실이 얼마나 많이 망가지고 무너졌는지를 고발하는 프로그램을 만들고 싶지는 않았다. 정답을 말하지는 못하더라도 답이 있어야 할 곳을 충실하게 찍고 싶었다. 답을 찾는 사람들이라도 보여 주고 싶었다. 또한 그것이 학교만의 문제가 아니라는 것을 말하고 싶었다.

– 「학교란 무엇인가」, EBS 학교란 무엇인가 제작 팀

앞서 보았듯이 많은 사람이 '학교란 무엇인가'라는 질문에 뜨거운 마음을 안고 대답한다. 그런데 학교에서 근무하는 교사인 내가 그동안 학교라는 공간이 어떤 의미인지 고민하지 않고 아이들을 가르쳐 왔다는 사실이 부끄러웠다. 부끄러움을 뒤로 하고 방송을 보고 책을 읽으면서 알게 된 사실이 있다. 방송에서 소개한 학교와 교육 방법론은 아이들이 행복하게 사는 것에 초점을 두고 있다는 것이다. 아이들에게 물어보았다. 학교에 왜 오는지 말이다. 대부분의 아이들이 비슷하게 대답한다.

"학교에 오면 친구들이 있으니까요."

"학교에 오면 친구들과 놀 수 있으니까요."

"학교에 안 가면 엄마한테 혼나니까요."

가끔씩은 모범생 아이도 있다.

"학교에는 배우러 오지요."

하지만 이런 아이는 지극히 일부다. 그렇다. 우리는 인정해야 한다. 학교는 친구들 때문에 오는 것이다. 교사는 아이들을 가르치기 위해 학교에 오고, 아이들은 친구랑 놀기 위해 학교에 온다. 그 엄청난 간극 앞에 좌절하지 말자. 아이들이 행복하게 사는 것에 초점을 두는 것이 중요하다.

학교는 친구들과 놀고 이야기하며 자연스레 배우는 공간이다. 친구들과 이야기하며 배우기도 하고, 교사와 이야기하며 배우기도 하고, 때로는 다투기도 하고 화해도 하며 행복을 찾아가는 방법을 터득하게 도와주는 곳이다. 그래서 나는 학기 초 학부모에게 내가 생각하는 학교란 무엇인지 적어서 편지를 보낸다. 학교에 대한 생각을 기록하여 남기는 것은 내 생각이 주변 상황에 따라 달라지거나 흐트러지지 않게 하는 기준이 된다. 도움이 되길 바라는 마음으로 적어 본다.

저는 학교란 '내 삶에서 나의 주체적인 생각을 세워 나가며 다른 사람과 더불어 행복할 수 있는 삶을 고민하는 곳'이라고 생각합니다. 하지만 언제부터인가 행복은 스펙 순이 되어 버린 사회 구조 속에서 학교에서는 경쟁을, 어른들은 아이들에게 좋은 성적을 받게 하기 위해 더 많은 것을 강요하고 있는 것은 아닌지 생각해 봅니다. 아이들은 점점 자신이 뭘 하고 싶은지보다 부모가, 교사가 원하는 것에 자기 자신을 맞추어 가는 모습을 많이 봅니다. 자신의 삶을 주체적으로 그려 나갈 시간적 여유도 부족하고요. 크고 작은 흔들림에 주변의 진심 어린 위로와 격려도 받지 못한 채 학교를 지나가고 있습니다. 옆 친구는 나와 생각, 삶, 정을 나누는 이웃이 아닌 경쟁에서 이겨야 하는 존재로 바라보는 모습이 안타깝습니다. 저는 똑똑하지만 계산적인 사람보다 어리숙하지만 정직한 사람이 우리가 살아가는 사회, 크게는 지구에 더 기여한다고 생각합니다. 그런 삶을 고민하며 아이들과 생활하고 싶습니다.

당신은 학교란 무엇이라고 생각하는가? 그 학교에서 무엇을 하며 지내고 싶은가?

03

교사의 존재 이유를 생각하다

사랑할 수 있을까?

졸업 후 교사가 된 선배와 만나 이야기할 기회가 있었다. 그 당시 나는 임용고사를 앞두고 있었는데, 이미 교사인 선배에게 궁금한 것이 많았다. 교사에게 가장 중요한 덕목이 무엇인지 선배에게 물었다. 선배는 나에게 '사랑'이라고 대답했다. 그때는 참 사랑이 쉬워 보였다. 아이들은 다 순수하고 예쁘다고 생각했다. 초롱초롱한 눈망울로 나를 바라보는 아이들을 어찌 사랑하지 않을 수 있겠는가?

하지만 아이들과 온종일 함께하며 진정으로 사랑하는 것은 너무나 힘들고 괴로운 일임을 교사가 되고 나서 깨달았다. 교실에는 거짓말하는 아이, 친구들을 괴롭히는 아이, 숙제를 해 오지 않은 아이, 욕을 남발하는 아이, 친구를 따돌리는 아이, 수업 시간에 장난치는 아이, 교사인 나에게 대드는 아이 등 사랑하기 힘든 행동을 하는 아이가 너무 많았다. 아이들을 사랑하지 못할 이유는 차고 넘쳤다. 순수한 눈망울로 어떻게 그런 행동을 할 수 있단 말인가? 그렇다. 진정한 사랑은 아무나 하는 것이 아니었다. 책에서나 나오는 훌륭한 선생님이나 할 수 있는 고귀한 것이다.

수업은 왜 이렇게 어려울까?

아이들을 진정으로 사랑하기란 너무 힘들었다. 그래서 다른 것으로 교사로서 존재 이유를 찾고 싶었다. 교사라면 누구나 꼭 해야 하는 유일한 행위, 바로 수업이다. 수업을 잘하는 교사가 되고 싶었다. 선배 교사의 수업을 보고 배우고 싶었다. 하지만 공개수업은 항상 후배인 내 몫이었다. 공개수업이 끝나면 모든 선배 교사와 관리자가 내가 한 수업을 평가하고 비판했다. 그들의 비판을 듣는 내내 나는 궁금했다. '그럼 어떻게 해야 좋은 수업인 것일까?'

그 후로도 한동안 선배 교사가 하는 수업은 보지 못했고 가끔씩 수업을 잘한다는 교사의 교실을 지날 때면 공개수업과는 사뭇 다른 모습에 고개를 갸웃거렸다. 교사라면 모두가 매일 하는 수업이지만 다른 반 수업 이야기는 하지 않는 것이 불문율이다. 수업은 교사의 자존심이기도 하다. 선배 교사의 자존심을 건드리는 것은 절대 금지다.

수업 고수의 공개수업을 찾아다녔고 수업에 관한 책도 몇 권 찾아 읽었다. 하지만 시간을 내어 찾아간 공개수업에서 평소 수업에는 적용할 수 없는 방대한 자료와 아이들의 정렬된 모습에 압도당했고 뭔지 모를 이질감을 느꼈다. 그렇다. 40분 분량의 공개수업을 위해 교사는 그보다 몇 배 혹은 몇십 배 시간을 들여 고민하고 준비한다. 그런 수업이 지속 가능할까? 이혁규 교수는 『수업, 누구나 경험하지만 누구도 잘 모르는』에서 이렇게 말한다.

그런데 우수 수업을 관찰하고 있노라면 마음이 그다지 편하지 않다. 현실 수업의 비교육적인 측면을 말끔히 해소한 듯이 보이는 수업에서 정작 별로 감동을 받지 못한다. 동시에 저런 식으로 우리 수업을 바꾸어야겠다는 희망이나 열의도 생겨나지 않는다. 우수 수업이 필자에게 주는 느낌은 공허감과 위태로움이다.

왜 공허한가? 이상이 현실에 발을 딛고 있지 않기 때문이다. 저 높은 하늘에 영롱하게 빛나는 별의 이미지. 그런데 그 별로 나아갈 수 있는 어떤 사다리나 도약대도 존재하지 않는 막막함. 그러므로 그 별의 이미지는 허구요 가식이며 거짓 위안이다. 우리 모두는 이 퍼포먼스의 허구성을 안다. 사람들에게 현실 개선의 전망을 제공하는 것은 찬란하게 빛나다가 흔적도 없이 사라지는 가상의 이미지들이 아니다. 현실의 제약을 온몸에 지닌 채 그것들과 싸우면서 힘겹게 한 발 한 발을 내딛는 현실의 의미 있는 실천들이다.

– 『수업, 누구나 경험하지만 누구도 잘 모르는』, 이혁규

진정으로 잘하는 수업은 무엇일까? 현실의 제약을 온몸에 지닌 채 내가 할 수 있는 실천은 도대체 무엇일까?

많은 의문을 가진 채 꾸준히 연수를 찾아 듣고 책을 읽었다. 협동 학습, 스토리텔링 수업 방법, 배움의 공동체, 감성 수업 등 현실의 제약과 싸우며 실천하고 싶은 좋은 수업 방법이 많았다.

내가 배운 좋은 수업은 나 혼자 하는 것이 아니다. 동지가 필요하다. 바로 아이들이다. 나만을 위한 수업이 아니기 때문이다. 결국 처음으로 돌아왔다.

다시 사랑한다 말할까?

교사가 아무리 완벽하게 수업했다고 할지라도 그 수업에 아이들이 없으면 아무 소용없다. 교사가 존재할 수 있는 이유는 학생이 있기 때문이다. 내가 아무리 지식이 많다고 하더라도 아이들이 이해할 수 없는 말로 가르친다면, 아이들이 배울 준비가 되었는지 알지 못한다면 그 수업은 완벽하게 망한 수업이 될 것이다.

아이들을 진정으로 사랑하는 것은 불가능하다. 아이들에 대한 이해 없이 완벽한 수업을 하는 것도 불가능하다. 결국은 아이들을 존중하고 이해하려고 노력하는 과정에서 사랑 비슷한 감정도 느낄 수 있다. 아이들이 어떤 부분에서 어려워하는지, 무엇을 더 배우고 싶어 하는지 이해하려고 노력하는 과정 속에 교사의 성장이 있다.

아이들을 가르쳐야 하는 대상으로 여기고, 수업을 아이들을 가르치는 수단으로 삼는 것은 결국 교사의 존재를 가르치는 기계로 전락시키는 위험한 생각이다. 교사에게는 학생이, 학생에게는 교사가 존재 이유가 된다면 서로를 이해하려는 노력이 절실하다. 학생 행동을 강제하기보다는 행동 기저에 있는 마음을 헤아리려고 노력하는 것이 학생이 교사에게 다가오게 하는 가장 옳은 방법이 될 것이다.

04 교육 철학 중심에 수업이 있다

수업이란 무엇일까? 수업하면 떠오르는 모습은 다음과 같이 대체로 비슷하다.

교실 앞쪽에 교사가 서 있다. 무엇인가 설명하며 아이들을 쳐다본다. 이것을 왜 배워야 하는지 고민조차 없는 아이들을 위해 동기 유발부터 시작한다. 때로 동기 유발은 건너뛰고 오늘은 무엇을 배운다고 안내만 하는 날도 많다. 앉아 있는 아이들은 교사가 하는 말을 열심히 듣는다. 놀랍게도 열심히 필기하는 아이들도 있다. 교사는 가끔씩 딴짓하는 아이들을 혼내기도 하면서 설명을 이어 간다.

여기서 의문이 생긴다. 교사는 아이들에게 이 교과를 왜 가르쳐야 하는지 정확히 알고 있을까? 아이들은 왜 이것을 배워야 할까? 가르치고 배우는 행위가 일상화된 공간인 학교에서 그 이유는 상실한 채 눈에 보이는 행위만 난무하는 것은 아닌지 생각한다.

예전에는 수업 시간에 아이들이 심하게 떠드는 것을 참지 못했다. 내가 열심히 준비한 수업을 아이들이 잘 따라와 주면 좋겠다고 생각했다. 수업 시간에 그것과 관련 없는 이야기를 하는 것이 싫었다. 수업 시간에 딴짓하는 아이들이 미웠다. 그런 아이들을 혼내고 수업이 끝난 후 고민한 적이 있다. 나에게 되물었다. '아이들이 로봇처럼 가만히 앉아 있길 진심으로 원하나?' 사실 아이들은 왜 배워야 하는지도 모르는 것들을 배우려고 학교에 온다. 나는 매일 수많은 유혹을 간신히 이겨 내고 교실에 앉아 있는 아이들에게 당당하게 오늘은 이것을 배워야 한다고 말했다. 그것도 로봇처럼 앉아서 내가 하는 말과 친구가 하는 말을 경청하길 바랐다. 아이들에게는 너무 가혹한 수업이었다.

그럼 수업은 처음부터 아이들에게 가혹했을까?

독일의 교육학자 쉰켈은 『수업현상학』에서 수업의 기원에 대한 일화를 기록하고 있다. 간단히 요약하면 이런 내용이다. 활 만드는 기술을 거의 예술의 경지까지 심화시킨 활 제작자가 살고 있다. 그런데 어느 날, 한 소년이 활 제작 기술을 배우고 싶어서 찾아온다. 처음에는 귀찮아서 소년을 쫓아버렸던 활 제작자는 계속 찾아오는 소년의 열정에 감동받아 어느 순간 활 제작 기술을 가르치기 시작한다. 수업 현상이 탄생하는 순간이다. 그리고 그 과정에서 활 제작자는 활을 제작하는 동안 에는 생각하지 않았던 새로운 고민과 관심거리에 직면하게 된다.

– 「수업, 누구나 경험하지만 누구도 잘 모르는」, 이혁규

쉰켈에 따르면 최초의 수업은 아동이 요구했다. 배울 이유가 명확했으며 능동적으로 수업에 참여했다. 지금의 수업 행태와 너무나도 다르다. 그럼 이 상황에서 교사는 어떻게 해야 하는가? 내 경험을 비추어 볼 때, 교사가 주도하고 아이는 수동적으로 듣는 수업은 아이는 물론 교사도 행복하지 않다. 내 질문에 발표하는 사람은 정해져 있고 발표에 귀 기울여 듣는 아이도 몇 되지 않았다. 주도적인 아이 몇 명만을 위한 수업인 것만 같았다.

하지만 매번 행복하지 않은 것도 아니었다. 아주 가끔씩 아이들과 내가 만족한 수업도 있었다. 그것은 내가 관심과 흥미를 가지고 배워 직접 경험했던 교과 내용이었다. 가르쳐야 하는 내용을 잘 이해하고 자신이 있으니 아이들에게 충분하게 설명할 수 있었다. 배우며 느꼈던 감동까지 전하니 아이들도 나와 비슷한 감정을 느낄 수 있었다.

대표적인 예가 시 쓰기 활동이다. 시는 내가 가장 좋아하고 즐겨 읽는 문학의 한 종류다. 중학교 시절부터 좋아하는 시를 메모지에 적었고, 대학교 때는 그동안 쓴 자작시를 친구들의 후원을 받아 시집으로 펴내기도 했다. 처음 시를 쓰고 싶었던 마음을 교사인 내가 경험했기에 그 경험을 고스란히 아이들에게 전해 줄 수 있었다. '내가 무엇이 되어 보기'인데 어떤 사물을 가만히 관찰하다 보면 사물이 내 마음속에 들어올 때가 있다. 그때를 놓치지 않고 내가 그 사물이라면 어떨까 하고 생각해 보게 한다. 가장 아이들이 이해하기 쉬운 것은 좋은 시를 들려주는 것이다. 교사가 직접 쓴 시는 아이들에게 신선하다. 또래 아이들이 쓴 시도 시를 쓸 수 있는 용기를 북돋아 준다. 내가 들려준 시는 이렇다.

선풍기	해라, 하지 마라
여름에는 나만 좋다고 내 옆에만 붙어있더니	공부해라 청소해라 학원가라
이젠 추워지니까 날 거들떠도 안 보더라	군것질 하지 마라 TV 그만 봐라
날 어두운 창고에 가둬버리면 얼마나 무서운지 알아?	에라, 모르겠다
두고 봐라 내년에는 망가져버릴테다	잔소리 좀 하지 마라

내가 들려준 시에 용기를 얻어 아이들은 마음을 꺼내어 시로 적어서 보여 주었다. 교사가 좋아하는 것을 아이들도 좋아하게 된 것이다. 아이들이 쓴 시를 아래에 적어 본다.

선풍기	책상
더운 여름 날 선풍기 바람을 쐬며 생각한다. 나는 누군가에게 시원한 바람을 평생 줄 수 있을까?	책상은 너무너무 힘들다. 서랍엔 그 많은 책들을 들고 옆에는 책가방도 하루 종일 들고 있다. 나는 이제야 책상이 걱정된다.
학원은 싫다	**선풍기**
학원은 싫다. 수학, 과학, 영어, 태권도 가기 싫다. 학원은 싫다. 엄마에게 얘기했다. 엄마는 나를 위해서라고 한다. 도대체 나를 위한 게 뭘까?	나는 하루종일 돌아간다. 여름 내내 돌아간다. 나는 생각한다. 가을되면 쉴 수 있겠지? 겨울되면 쉴 수 있겠지?

또 수업에 대한 갈증으로 수업과 관련한 연수를 찾아 듣고 책을 사서 읽었다. 그중 사토 마나부 교수가 쓴 『수업이 바뀌면 학교가 바뀐다』는 수업에 대한 철학을 세우는 데 많은 도움을 주었다. 이 책은 학생, 교사, 학부모, 교육행정담당자의 연대를 기반으로 하여 학교를 서로 배우고 성장하는 공간으로 세우고자 했다.

많은 교사들이 배움의 공동체로 알고 있는 이 교육 운동은 교실에서 아이들의 배움이 일어나기 위해서는 사물과의 만남과 대화, 친구와의 만남과 대화, 자기 자신과의 만남과 대화를 중심으로 단원을 조직하고 수업에 임하여야 한다고 주장한다. 이는 곧 활동적이고 협동적이며 반성적인 배움을 의미한다.

— 『수업이 바뀌면 학교가 바뀐다』, 사토 마나부

내가 이 책에서 수업과 관련하여 배운 가장 중요한 점은 아이들이 서로 배우게 하는 교실 환경을 만들자는 것이었다. 호혜적인 배움이 일어나도록 모둠을 구성하고, 교과서를 모둠 활동 중심으로 재구성하여 서로 학습 주제에 대해 의견을 나누게 했다. 아이들이 이야기하고 듣기 편하게 'ㄷ'자 모형으로 책상을 배치했다.

배움의 공동체 수업을 진행하며 "수업 시간에 다른 사람과 말하지 말자."라는 말 대신에 "이제 모둠끼리 모여서 이 문제에 대해 서로 이야기해 보자."라고 말했다. 평소에는 부끄러워서 발표하지 않던 아이들도 모둠 속에서는 웃으며 이야기하고 서로 의견을 더 귀담아듣는 모습을 보이기 시작했다. 교사가 할 일은 의견이 정체되거나 갈등이 있는 모둠이 있는지 둘러보면서 중재하고, 때로는 정체된 문제를 해결하는 데 도움을 주는 것이다.

배움의 공동체가 완벽한 교수법이라고 단정할 수는 없다. 오히려 그렇게 믿는 것은 위험하다. 교과 내용에 따라 교사가 주도적으로 설명하며 진행해야 하는 수업도 있고, 상황에 따라 수업의 형태와 방법도 달라질 수밖에 없다. 그래서 교사는 끊임없이 배워야 한다. 배우지 않으면 자신이 익숙한 수업 방식만 고집할 것이고 그 결과는 자명하다. 가르치기 전에 내가 무엇이 부족한지 깨닫는 것이 중요하다. 그리고 그 부족한 것을 끊임없이 배우려는 노력이 교사가 성장하는 밑거름이 될 것이며, 학생 또한 배움의 과정에 더 다가오리라고 믿는다.

05 배움을 사랑하다

가장 기억에 남는 배움이 있다. 내가 5학년 때였다. 담임 선생님이 편찮으셔서 다른 선생님이 보결을 들어오신 적이 있었다. 그 선생님은 교실로 들어오시더니 칠판에 ㄱ, ㄴ, ㄷ, ……, ㅎ까지 쓰셨다. 그리고 이 자음들의 이름을 적어 보라고 했다. ㄱ은 기역, ㄴ은 니은 이런 식으로 말이다. 처음에는 우습게 생각했다. 5학년인 우리에게 이런 간단한 문제를 내다니 충분히 선생님 의도를 의심할 만했다. 하지만 자음 이름을 하나씩 적어 가면서 나를 비롯한 친구들은 혼란에 빠졌다. 여기저기서 한숨이 새어 나왔다. 선생님은 이미 알고 있었다. 자음 이름을 다 쓰는 사람이 1명도 없으리라는 것을 말이다.

결국 모든 자음의 정확한 이름을 맞힌 사람은 1명도 없었다. 30년 가까이 흘렀지만 그 선생님의 마지막 한마디가 아직도 내 기억 속에 남아 있다. "대한민국 국민이라면 한글 자음의 이름은 정확히 쓸 수 있어야 한다." 그 말을 남기고 선생님은 당당히 밖으로 나가셨다.

그 수업은 나에게 정말 특별했다. 익숙함에 묻혀 안일했던 아이들의 허를 찔러 지적 충격에 빠지게 한 순간이었다. 다른 수업들은 뚜렷이 기억나지 않는데 이 수업만큼은 그때의 감정과 모든 상황이 선명하게 기억난다. 내가 모른다는 것을 인식한 순간 너무나도 알고 싶었다. 선생님이 의도한 바도 바로 이것이 아니었을까? 아이들이 모른다는 것을 인식하게 하여 정확하게 알고 싶은 욕구를 자극하는 것 말이다.

그 수업의 효과가 적어도 나에게는 나비 효과처럼 삶에 엄청난 변화를 불러일으켰다. 관심 있는 분야에 대해 제대로 모른다는 생각이 들면 제대로 알 때까지 배우려는 마음이 자리 잡았다.

대학 시절에도 나를 지적 충격에 빠지게 한 일이 있었다. 나는 동아리 활동 대신 대학방송국에 지원했고, 방송을 제작하고 멘트를 쓰는 작가로 활동했다. 그래서 학내 신문사와 교지편집위원회 사람들과 만나서 이야기할 기회가 자주 있었다. 한번은 신문사 편집장을 맡고 있던 선배, 교지편집위원회에 있던 친구와 함께 만났다. 사회·정치 분야의 현안에 대한 의견이 오가고 여러 작가의 책을 인용하며 논쟁을 시작하는데, 나는 그들의 대화에 낄 수가 없었다. 내 지역구 국회의원이 누구인지, 내 정치적 성향은 무엇인지, 지향하는 삶의 철학이 무엇인지 말하지 못해서 부끄러웠다. 그들과 헤어지고 집으로 돌아오는 길이 멀게 느껴졌다. 앞으로 내가 어떤 것을 공부해야 할까 고민했다.

그 이후로 여러 분야의 책을 읽기 시작했다. 꾸준히 책을 읽으면서 좋아하는 지식인이 생겼다. 책을 읽으면서 그 책의 작가가 소개하는 또 다른 책을 알게 되었고, 그렇게 점차 지식의 범위를 넓혔다. 대학 시절에 읽었던 책이 지금 내 삶의 철학과 정치적 신념에 깊숙하게 관여하고 있음은 물론이다.

지금 생각해 보면 한 가지 감사한 것이 있다. 좌절했을 때 그 좌절에 머물지 않고 그 상황에서 무엇을 배울 수 있는지를 생각한다는 것이다. 남들과 비교하고 내 지식의 얕음에, 내 철학의 부재에 좌절만 했다면 결코 발전하지 못했을 것이다. '자는 사람은 깨울 수 있어도 자는 척하는 사람은 결코 깨울 수 없다'는 말처럼 누군가가 나를 깨울 때 안락함을 떨치고 의식적으로 일어나려는 의지를 가지는 것이 중요하다.

우리가 지나고 있는 4차 산업혁명 시대에 일방적으로 지식을 전달하는 행위는 무의미하다. 인공 지능이 우리 삶의 많은 부분을 잠식하고 점점 인간다움을 증명해야 하는 시대가 온다면, 인간인 교사는 무엇으로 로봇 교사한테 인간다움을 증명할 것인가?

위대한 철학자 플라톤은 철학자(philosophia)는 지혜(sophia)를 사랑(philos)하는 사람이라고 했다. 또 "교육의 목적은 단순히 지식을 주입하는 것이 아니라, 우리 영혼이 지혜에 배고파 하도록 만드는 것이다."라고 했다. 여기에 미래를 살아갈 교사가 주목해야 할 답이 있다. 아이들에게 교사가 아니더라도 구할 수 있는 지식을 가르치려고 애쓰지 말고 교사 자신부터 지혜를 사랑하는 사람이 되어야 한다.

06

아이와의 관계가 교육 철학이다

교사가 되고 처음으로 아이들을 만나기 전 '아이들과 어떤 관계를 맺으면 좋을까?' 고민한 적이 있다. 사람은 자신의 경험을 토대로 행위 기준을 잡곤 한다. 교사로서 아이들과 관계를 고민할 때 나를 거쳐 갔던 선생님과 관계를 떠올렸다.

교사를 꿈꾼 나에게도 아픈 추억이 있다. 1학년 때 담임 선생님은 친구와 장난을 쳤다는 이유로 나를 교실 앞으로 불러냈다. 그러고는 내 옆머리를 잡고 들어 올려 아파서 찌푸리는 얼굴을 고스란히 아이들에게 보여 주었다. 그 선생님에 대한 기억은 이것뿐이다. 30대 후반이 된 지금도 그 기억이 너무나 생생해서 가끔 아이들을 혼내려고 할 때 불쑥불쑥 튀어나와 놀라게 한다. '그 선생님은 나에게 왜 그랬을까?', '내가 그렇게 잘못했었나?' 수없이 되뇌어 보았다. 나에게 그 기억은 트라우마로 자리 잡았다. 나는 이 기억을 반면교사 삼아 분노가 일 때 나와 같은 트라우마를 아이들에게 남기기 않으려고 노력한다.

나는 초등학교 6학년 때 담임 선생님이 가장 기억에 남는다. 아이들은 호랑이 선생님이라고 덜덜 떨었지만, 그 선생님은 아이들의 마음을 하나하나 돌볼 줄 아셨다. 부끄러움 많고 소심했던 내가 발표라도 하면 용기 있게 발표를 잘했다고 칭찬해 주셨다. 또 발표를 잘하지 못해 울고 있으면 세수를 하고 오라며 배려해 주셨다. 나에게 있는 선생님에 대한 가장 좋은 기억이다. 그 좋은 기억이 나를 교사의 삶으로 이끌었다. 그 기억이 아이들을 다그치지 않고 기다려 주는 힘이 되어 준다.

아이들이 나를 힘들게 할 때마다 아이들 또래였을 때의 나를 떠올린다. 아이들을 이해하기 힘들 때 '그때의 나라면 어떻게 했을까?', '나라면 어떻게 행동했을까?' 생각한다. 그리고 내가 만났던 선생님을 떠올린다. 그 선생님께서 어떻게 말씀하시고 행동하셨을 때 아이들이 두려워했는지 또는 행복해 했는지 생각한다.

그렇게 끊임없이 과거의 나와 연결 짓는다. 그럴 때면 아이들 모습은 어릴 적 내 모습이 되고, 나도 아이들 생각 속으로 들어간다. 하지만 내 과거의 모습을 반추하여 아이들의 모습을 이해하는 것에는 분명 한계가 있다. 대다수가 나와 사는 방식이 다른 아이다. 칭찬으로 모든 아이가 변하는 것도 아니다. 아무리 이해하려고 해도 이해할 수 없는 아이들이 있다. 이러니 교육이 어려운 것이다.

모든 아이를 이해할 수 있는 교사라면 벌써 〈생활의 달인〉에 나오는 달인처럼 텔레비전에 출현했을 것이다. 하지만 제작진이 제시하는 가장 어려운 미션도 통과하는 그 달인처럼 한국에서 가장 문제아를 금세 온순하게 만들어 가정으로 돌려보내는 마법 같은 일은 벌어지지 않는다. 아이를 가르치기란 그렇게 쉬운 일이 아니기 때문이다. 우리를 깊은 고민으로 빠져들게 하는 아이들을 어떻게 생각해야 할까?

우리는 연결되어 있다. 비록 끈이 보이지 않지만 우리는 감정으로 연결되어 있다. 예를 들어 내가 좋아하는 야구 선수가 9회 말 2 아웃 타석에 서 있다고 하자. 점수는 2대 2고 3루에 주자가 있다. 내 온 마음이 그 야구 선수와 함께한다. 그의 두근거리는 심장이 나에게 온전히 전해진다. 그처럼 손에 땀이 난다. 서로 연결되어 있지 않음에도 우리는 왜 그렇게 그와 똑같은 감정을 느낄까? 우리는 감정으로 연결되어 있기 때문이다.

좋아하지 않는 사람, 내가 전혀 모르는 사람일지라도 우리는 같은 감정을 공유하며 연결되어 있다. 어떤 상황에 대한 인식은 다를지 몰라도 그 상황에서 받는 감정은 비슷하기 때문이다. 나는 그 감정에 주목한다.

사실 아이 때문에 화가 나는 상황은 그 아이가 내가 원하는 방향으로 행동하지 않기 때문이고 내가 정한 시간 한계선보다 빨리 변하지 않기 때문이다. 나는 상황을 바꾸려고 하기보다는 아이들의 감정과 내 감정을 연결하면 어떨까 생각한다. '이 상황에서 아이도 얼마나 힘들까?'를 생각하면 쉽게 비난하는 말을 내뱉을 수가 없다. 그 상황에서 느끼는 내 감정은 곧 아이가 느끼는 감정이다. 내가 아이를 미워하면 아이도 나를 미워할 것이고, 아이가 속상할 때 내가 그 마음에 공감한다면 아이도 내가 속상할 때 진심으로 공감해 줄 것이다. 더 나아가 그 아이는 다른 사람을 속상하게 한 자신의 모습을 돌아보게 되리라 자신한다.

아이는 싫든 좋든 나에게 자기의 온 삶을 가지고 왔고, 내 삶에서 그 아이의 삶과 겹치는 부분이 있다면 교사가 어떤 상황에서 어떻게 말해야 하고 행동해야 하는지 명료해진다.

이문재 시인의 「어떤 경우」라는 시를 옮겨 적으며 글을 마친다.

어떤 경우

어떤 경우에는
내가 이 세상 앞에서
그저 한 사람에 불과하지만

어떤 경우에는
내가 어느 한 사람에게
세상 전부가 될 수 있다.

어떤 경우에도

우리는 한 사람이고

한 세상이다.

– 「지금 여기가 맨 앞」 중 「어떤 경우」, 이문재

학부모 알림장 1
교사의 철학을 공유하다

　　교사의 글은 그 자체로도 교사에게 가치 있는 일이겠지만 글을 누군가와 공유한다면 그것은 삶을 나누는 것이다. 그것이 진실하고 가치가 있다면 글을 통해 나 자신은 물론 다른 사람의 삶에 영향을 미칠 것은 분명하다. 나는 글을 학부모와 공유하기로 했고 적어도 2주일에 한 번은 꾸준히 학부모에게 편지를 보내는 활동을 지금까지 이어 온다.

　　내가 글을 쓰는 또 하나의 이유는 기록함으로써 교사로서 철학을 단단하게 세워 올릴 수 있기 때문이다. 아이들과 학교에서 교육 활동을 한 내용을 정리하고 그 속에서 교사로서 부족한 부분과 잘한 부분을 기억하려고 기록하는 것이다. 기록하지 않은 것은 언제든 사라질 수 있다. 기록한 글은 끊임없이 기억을 부유하며 삶을 돌아보게 하고, 글로 쓴 것과 다르게 살지 않도록 한다.

아이들과 오랫동안 학교라는 공간에서 지내다 보니 많은 상황을 보고 겪어 왔습니다. 그 상황은 보는 관점에 따라 때로는 문제 상황으로, 때로는 성장하는 과정으로 보여지기도 합니다. 하지만 그 상황에서 우리 어른이 생각해야 할 가장 중요한 것은 우리 아이들이 함께 성장할 수 있도록 돕는 존재라는 것입니다. 학교라는 공간은 그래야 합니다. 점점 더 각박해지는 사회 구조 속에서 공동체의 가치가 흐릿해지는 세대를 지나가며 아이들은 기댈 곳이 필요합니다. 그 요구를 여러 행동으로 보여 줍니다. 행동 그 자체만으로 아이를 판단하는 것은 가장 경계해야 합니다. 그 행동으로 아이가 무엇을 말하고 싶은지를 보아야 합니다. 시간을 두고 생각해 보면 아이들의 행동 스펙트럼은 결국 사랑과 관심으로 수렴됩니다.

그 사랑의 경험을 우리 어른이 먼저 보여 주어야 합니다. 아이들 삶의 모습은 가까이 지내는 어른을 통해 보여집니다. 때로는 담임인 저를 통해, 부모를 통해 어떤 모습이 아이들에게 전해지는지 항상 되돌아보아야 하겠지요. 무섭고 두려워서 따르는 어른이 아니라 그의 삶이 정말 멋져 보여서 따르고 싶은 삶을 살도록 저부터 저에게 주어진 삶을 잘 살아내야겠다고 다짐합니다. 앞으로 아이들과 저에게 주어진 시간 동안 건강하고 행복한 시간을 살 수 있도록 저와 아이들의 삶을 응원해 주시기 부탁 드립니다.

　　　　　　　　– 2019.9.1. 육아 휴직 후 3학년 담임으로 복직하며, 학부모 알림장에서 발췌

아이들이 글쓰기를 하는 것에 익숙하지 않아서 학교에서 지도를 하고 있습니다. 가정에서도 지도해 주시면 좋을 것 같습니다.

1. 하루에 있었던 일 중에서 마음에 남아 있는 한 가지 일을 정하기
2. 머릿속에서 다시 떠올려 보며 학교에서 배운 감각적 표현을 살려 눈으로 보듯이 적어 보기
3. 누군가, 내가 한 말을 쓸 때는 그대로 옮겨 적기
4. 글을 쓰는 주제로 좋은 일들: 나의 고민, 억울한 일, 속상한 일, 화난 일, 싸운 일, 설

레는 일, 자랑하고 싶은 일 등 감정을 정리하는 데 도움이 됩니다.

혹시 아이들의 글을 읽으시면서 맞춤법이나 문법이 맞지 않는 부분이 보여도 고쳐 주지 마세요. 중요한 것은 맞춤법이 아니라 아이들의 다양한 표현력입니다. 아이들이 자주 틀리는 말은 정리해서 가르치려고 합니다.

글쓰기를 지도하면서 아이들의 글을 보며 아쉬운 마음에 자꾸 가르치려 하는 제 모습을 봅니다. 제 욕심이겠지요. 그것이 행여나 아이들이 글을 쓰는 행위에 거부감이 생기게 하는 것은 아닐까 걱정도 되고요. 한편으로는 글을 쓰며 감정을 정리하고 무엇인가에 속마음을 털어놓으며 위안을 느끼길 바라는 마음도 있어 조바심을 내기도 합니다. 교육의 길을 걷고 있는 사람이지만 교육에는 참 정답이 없어서 어렵고 힘듭니다. 아이들 마음이 다치지 않게 가르치는 것에 더 노력해야겠습니다.

– 2019.10.31. 학부모 알림장에서 발췌

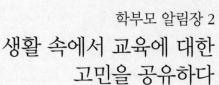

| 교육 철학 톡! Talk? |

학부모 알림장 2
생활 속에서 교육에 대한
고민을 공유하다

 교사는 반성적 실천가로서 일상적 교육 활동에서 끊임없이 교육을 고민한다고 생각한다. 주 양육자인 학부모는 당신 자녀만큼은 교사에 비할 수 없을 정도로 교육을 고민한다. 그런데 아이를 훈육할 때 부모가 받은 훈육 방법, 자신이 겪은 삶의 방식에 의존하는 경우가 많다. 그 방식이 틀린 것은 아니지만 '이렇게 아이들을 교육해도 되는지?' 혼란스러워 하는 부모도 분명히 있다. 하지만 교사에게 아이들을 훈육하는 방법, 교육하는 방법을 묻기가 왠지 부담스러운 것도 사실이다.

 또 학교에서 아이들 사이에 일어나는 여러 상황에 교사가 어떻게 대처하는지, 가정에서 어떤 교육이 필요한지 궁금해 한다. 교육을 담당하는 사람으로서 여러 상황에서 부모가 어떻게 대처하는 것이 교육적인지 안내가 필요하다. 이런 점에서 학부모가 궁금해 하는 훈육 방법, 교육 방법을 교사가 먼저 안내해 준다면 큰 도움이 될 수 있을 것이다.

지난번 학원에 관한 글이 많은 학부모님께 고민을 드린 것 같습니다. 공감의 글을 남겨 주신 분도 계시고 학부모로서 교육에 관한 여러 고민을 담은 글로 실제적인 자녀 교육에 대한 질문을 해 주신 분도 계십니다.

지난번 글에 이어 말씀을 드리고 싶습니다. 우리 반 아이 중 몇 명은 쉬는 시간에도 학습지를 풀거나 학원에서 내준 숙제를 하는 아이들이 있습니다. 그 아이들을 보면서 나이에 맞지 않게 열심히 공부하고 있는 모습에 대견하다는 생각이 드는 것이 아니라 안타깝다는 생각이 먼저 듭니다. 그 아이는 친구들과 마음 편히 놀지도 못하고 공부를 해야 하는 것일까요? 그래서 제가 이야기했습니다. 학원 선생님한테 가서 숙제 좀 줄여 달라고 그러라고요. 이제는 평생 공부를 해야 하는 시대인데 이런 방식으로 과연 얼마나 지속 가능할까요? 사실 저는 부모의 말을 큰 반항 없이 따르고 있는 아이들이 오히려 더 걱정스럽습니다. 마음속에 어떤 폭탄이 터질 줄 모른 채로 살아가고 있다는 생각이 들어서 그렇습니다.

또 한 가지 걱정스러운 것은 학원에 의존하는 모습입니다. 저는 아이들이 학원을 가야만 공부를 잘할 수 있다는 생각에 반대합니다. 물론 스스로 공부를 하다가 도움이 필요할 때는 학원을 갈 수 있습니다. 하지만 처음부터 학원에 의존하는 것은 스스로 공부하는 힘을 깨우치지 못하게 할 가능성이 큽니다.

그렇다면 자기가 스스로 배움을 정리하는 힘을 가지기 위해 가정에서는 어떻게 해야 할까요? 역설적이지만 모든 것을 공부와 관련해서 생각하는 마음부터 버려야 합니다. 독서만 보아도 그렇습니다. 책을 읽는 목적이 무엇일까요? 독해 능력을 기르기 위해 책을 읽고 독서감상문을 쓰기 위해서일까요? 책을 읽는 목적은 글을 통해 감동과 재미를 느끼고 내 속 관념의 틀을 깨뜨려 새로운 세상을 상상하는 것에 궁극적인 목적이 있는 것이지, 수능 언어영역에서 높은 점수를 받기 위해서 읽는 것이 아닙니다. 하지만 이 시대는 공부를 잘하기 위해 책을 이용하는 듯한 느낌이 듭니다. 독서법과 관련한 책이 불티나게 팔리는 것만 보아도 그렇습니다. 정작 성인이 되어서는 책에서 손을 놓아 버린다는 통계 자료만 보아도 그렇습니다. 부모는 책을 통해 아이들이 더 많은 세상을 보도록 도와주어야 한다고 생각합니다. 당연하지만 부모가 책을 좋아해야 아이들도 책을 좋아합니다.

가정에서의 분위기는 아무도 침범할 수 없는 고유의 영역이어서 말씀 드리기 조심스럽지만 그 가정의 분위기가 아이의 학습에 관한 부분을 좌우할 수 있기에 말씀 드리려 합니다. 아이에게는 스마트폰을 보지 않도록 하면서 부모는 소파에 누워 스마트폰을 놓지 않는 모습, 아이에게는 공부하라고 하면서 부모는 tv를 보는 모습은 어떨까요? 그렇다고 부모가 스마트폰을 하는 만큼 아이에게도 스마트폰을 하도록 허용하는 것도 안 될 것 같고요.

저희 집은 가족회의를 통해서 아이들이 의사 결정에 참여합니다.

평일에는 스마트폰을 하지 않도록 했고요(부모의 요구), 어떤 학원도 다니지 않기로 했습니다(아이들 요구).

평일에는 tv도 보지 않기로 했고요(부모의 요구), 대신 놀 수 있는 시간을 충분히 주기로 했습니다(아이들 요구).

학원을 가지 않는 대신 문제집을 가지고 복습을 하기로 했습니다(아이들과 부모의 합의).

일방적으로 부모가 결정한 사항이 아니라 아이들이 의사 결정에 참여해서인지 아이들도 스스로 지키려고 노력합니다. 물론 아이들이 공부하는 시간에는 부모도 책을 읽거나 공부하는 것을 보아 주거나 합니다. 습관이 정착되는 기간(보통 1~2년)만 지나면 부모가 크게 신경 쓸 필요도 없습니다. 가장 중요한 것은 자녀와 부모 간에 관계가 깨지거나 대화가 단절되지 않도록 하는 것입니다. 아이가 무엇을 힘들어 하는지, 어떤 부분에서 도움이 필요한지를 관심 있게 지켜보는 것입니다.

– 2019.12.30. 학부모 알림장에서 발췌

요즘 온 책 읽기로 『한밤중 달빛 식당』을 조금씩 읽으며 글을 요약하는 활동을 했습니다. 아이들이 글을 읽고 내용을 요약하는 것은 이제 익숙해져서 곧잘 합니다. 지난주에는 '나쁜 기억을 잊으면 행복해진다, 나쁜 기억은 잊지 않는 것이 좋다'는 주제로 간단한 방식의 토론을 진행했습니다. 토론 주제를 제시하고 곧바로 두 가지 생각 중에서 한 가지 생각을 정해 손을 들게 한 후 자신의 생각을 적어 서로 설득을 하고, 토론이 끝나고 다시 손을 들게 하여 변화가 있는지 알아보고 마무리하는 활동입니다. 처음에 손을 들었을 때는 아이들의 생각이 5 대 21로 나뉘었습니다.

'나쁜 기억을 잊으면 행복해진다' 쪽의 의견은 (5명)
"나쁜 기억을 잊으면 좋은 기억만 남아 있기 때문에 행복해질 수 있다."
"슬픈 기억은 떠오르면 계속 슬퍼지기 때문에 잊으면 좋다."가 대표적인 논리였습니다.

'나쁜 기억은 잊지 않는 것이 좋다' 쪽의 의견은 (21명)
"나쁜 기억도 그 일 덕분에 깨달음을 줄 수 있다."
"잘못해서 부끄러웠던 기억을 잊지 않아야 다음에 똑같은 잘못을 하지 않을 수 있다."
가 대표적인 논리였습니다.

아이들은 다른 사람들을 설득하기 위해 여러 예를 들어 자신의 주장을 펼쳤고, 토론이 끝나고 다시 손을 들어 확인해 보니 처음에 자신이 정한 주장을 아무도 바꾸지 않았습니다. 예전에는 저도 '나쁜 기억은 잊지 않는 것이 좋다'란 주장으로 기울었지만 요즘은 조금 생각이 바뀌었습니다. 악플 때문에 마음에 상처를 입고 힘들어 하던 가수이자 배우인 한 여성의 죽음을 생각했습니다. 악플 때문에 받은 상처를 그녀가 모두 잊을 수 있었더라면 그렇게 모질게 삶을 도려내진 않았을 테지요. 끝까지 '나쁜 기억을 잊으면 행복해진다'란 자신의 처음 주장을 굽히지 않았던 5명의 심정도 이해할 수 있습니다.

토론에 많은 아이가 적극적으로 참여하지는 않았지만 친구들이 주장하는 이야기를 잘 들으며 각자 생각이 많았을 것이라고 생각합니다. 책에서 주인공 연우가 나쁜 기억을 팔면 행복해질 줄 알았는데 그것에 대해 고민할 때 여우가 선택은 당신의 몫이라고 한 말이 생각납니다. 아이들은 어떤 기억을 가지고 어떻게 성장해 갈까요? 선택은 아이들 몫이겠지요. 우리들은 아이들이 올바른 선택을 할 수 있도록 어떤 말로 도와줄 수 있을까요?

– 2019.10.31. 학부모 알림장에서 발췌

| 3부 |

수업 트렌드가
바뀌면
교사도
바뀌어야 한다

01

세상은 바뀌고 있는데, 학교는?

　몇 년 전 서울 한 아파트 경비원이 분신을 시도하여 죽는 사건이 있었다. 그와 더불어 아파트 주민들이 그곳에서 일하는 경비원 전원을 해고했다는 뉴스도 접했다. 자신이 살던 공간에서 일한 인간의 죽음에 관계자들이 반성은 하지 않은 채 재산 가치가 하락할까 봐 전전긍긍하는 모습에서 인간의 천박함과 잔인함을 보았다.

　'교사로서 아이들에게 무엇을 가르쳐야 할까?' 한참을 고민했다. '자본이 권력이 되는 이 나라에서 교사가 아이들에게 무엇을 가르친들 자본의 그 치명적인 유혹을 이겨 내게 할 수 있을까?'라는 생각에 이르자 한동안 무기력했다.

　급격하게 변하는 세상에서 우리는 너무 소중한 것들을 잃어버리고 있지는 않을까? 가끔씩 인면수심 사건을 뉴스로 접하면 그것이 비단 개인만의 문제가 아님을 인식하지만 어디서부터 돌이켜야 할지 막막하기만 하다. 나 자신만 해도 그렇다. 아이들에게 소중한 것들을 가르치고 있는지 돌이켜 보면 자신 있게 대답하기 어렵다. 한때 열정이란 가면을 쓰고 교실에 앉아 있는 아이들에게 똑같은 지식을 구겨 넣으려고 안간힘을 쓰지 않았던가. 내가 어떻게 가르쳐야 좋을지 더 노력하지 않은 채 성적이 좋지 않은 아이는 노력하지 않았기 때문이라고 책임을 전가하지 않았던가.

아이들은 말로 글로, 행동으로 어른들의 반교육적 가르침에 분노했고 아이들과 관계가 끝을 모르고 파국으로 내달릴 때쯤 나에게도 문제가 있다는 사실을 깨달았다. 대학 시절 읽었던 이오덕, 권정생, 이호철 선생님의 글에서 깊은 감명을 받고 나도 그리 살겠다고 한 다짐은 실제 삶에서 감정의 폭발과 함께 잊혔다. 글로 배운 교육은 쓸모없었다. 실제 아이들과 생활하며 부딪히고 좌절하고 나서야 비로소 그분들의 삶이 실재가 되어 다가왔다. 그분들은 아이들의 삶을 관찰하며 보았던 것이다. 어른들의 헛된 희망, 무관심, 가난 때문에 아이들의 삶이 희생 제물의 1순위였다는 사실을 말이다.

그리고 몇십 년이 지난 지금, 아이들의 삶은 변했을까? 시간만 흘렀을 뿐 아무것도 변하지 않았다. 오히려 더 촘촘한 틀에 갇혀 제대로 숨 쉴 곳 하나 없이 간신히 버티고 있을 뿐이다. 아이들은 여전히 경쟁에 힘들어 하고 왜곡된 관심받기에 열광하며 자해가 유행처럼 번지는 시대를 지나고 있다.

다음은 영화 〈행복은 성적순이 아니잖아요〉의 실제 소재인 1986년 자살로 생을 마감한 한 중학교 소녀의 마지막 글이다.

〈H에게〉

난 일등 같은 것은 싫은데,

앉아서 공부만 하는 그런 학생은 싫은데,

난 꿈이 따로 있는데, 난 친구가 필요한데,

이 모든 것은 엄마가 싫어하는 것이지.

난 인간인데, 난 친구를 좋아할 수 있고 헤어짐에 울 수도 있는 사람인데.

나에게 수단과 방법을 가리지 말고 이기라고 하는 분,

항상 나에게 친구와 사귀지 말라는 슬픈 말만 하시는 분.

공부만 해서 행복한 건 아니잖아?

무엇이든지 최선을 다해서 이 사회에 봉사하고,

가난하고 불쌍한 사람을 위해 조금이라도 도움을 주면

그것이 보람 있고 행복한 거잖아?

난 로봇도 아니고, 인형도 아니고, 돌멩이처럼 감정이 없는 물건이 아니다.

밟히다, 밟히다 내 소중한 삶의 인생관이나 가치관까지 밟혀 버릴 땐

난 그 이상 참지 못하고 이렇게 떤다.

……

난 나의 죽음이 결코 남에게 슬픔만 주리라고는 생각지 않아. 그것만

주는 헛된 것이라면, 난 가지 않을 거야. 비록 겉으로는 슬픔을 줄지는

몰라도, 난 그것보다 더 큰 것을 줄 자신을 가지고 그것을 신에게 기도
한다.

– 『내 무거운 책가방』, 조재도 · 최성수 엮음

이 글을 쓴 소녀와 비슷한 상황을 요즘 아이들도 고스란히 겪고 있
다. 좋은 대학을 많이 보내는 고등학교를 향해, 좋은 대학을 가면 대
기업에 취직을 하기 위해, 취직을 하면 승진을 하기 위해 더 복잡하고
험난한 경쟁을 겪어 나간다. 이 구조적 문제는 너무나 많은 부류의 이
익 관계가 첨예하게 대립하고 있어 변화가 쉽지 않아 보인다.

하지만 그런 구조적 모순에 대항하는 개인적 선택은 소수이지만 존
재했고 지금도 그러하다. 그 선택의 시작은 아이들 삶을 가만히 관찰
하는 것에서 출발한다. 아이늘 삶을 관찰하고 그들의 이야기를 듣자.

어른이 쥐고 있던 아이의 삶을 아이들에게 돌려주는 일부터 시작
해야 한다. 나에게는 글쓰기를 가르치는 것, 지금까지 수업을 돌아보
는 것이 시작이었다.

02

수업을 하면서 '화'가 나는 순간

수업을 하면서 나에게 화가 나는 순간

수업을 하면서 나에게 화가 날 때가 있다. 보통은 두 가지 이유에서다. 첫 번째는 내가 수업 준비를 너무 하지 않아서 횡설수설하고 있다고 느낄 때다. 두 번째는 수업 준비를 열심히 했는데 준비한 수업 자료가 아이들과 맞지 않다고 생각할 때다.

첫 번째 이유는 납득할 만하다. 수업 준비를 하지 않았으니 당연히 횡설수설할 수밖에 없었다. 그때는 나도 아이들 못지않게 수업이 끝나기만 간절하게 바랐다. 하지만 두 번째 이유는 처음에는 이해하기가 힘들었다. 열심히 자료를 준비했고 수업 전날만 해도 이 수업에 기대감이 넘쳤다. 아이들이 수업 자료에 엄청나게 호응할 것이라고 믿었는데, 아이들도 나도 재미없는 수업이 된다. 이유가 무엇일까?

교사 커뮤니티로 유명한 웹 사이트에 많은 교사가 엄청난 양의 수업 자료들을 업로드한다. 많은 초등학교 교사가 그곳에서 수업 자료를 찾는다. 나도 그중 1명이었다. 한 번 웹 사이트에 접속할 때마다 많은 양의 자료를 받아 과목별로 넣어 두고, 해당 차시를 할 때쯤 다운로드한 자료를 찾아서 수업 때 활용했다.

교사 커뮤니티 사이트에서 수업 자료를 찾아 자료를 열어 내용을 훑어보고 수정하는 것이 일상적인 수업 준비 모습이었다. 그 자료만 놓고 보았을 때는 전혀 문제될 것이 없었다. 오히려 아이들이 정말 재미있어 할 것 같았다. 화려한 파워포인트 효과와 플래시 자료를 제작한 교사의 노력은 진심으로 존경할 만하다. 하지만 다운로드한 자료를 수업 시간에 활용해서 아이들과 내가 모두 만족했던 적은 그다지 많지 않다. 왜 그럴까?

수업 자료는 교사의 교육 철학, 반 아이들의 수준, 그동안 배운 수업 내용, 아이들의 관심사 등 여러 가지를 고려하여 제작한다. 나와 교육 철학, 관심사, 가르치는 반 아이들의 성향 및 분위기가 다른 교사가 제작한 수업 자료는 당연히 우리 교실과는 맞지 않을 수 있다. 가장 큰 실수는 수업 준비를 아이들 흥미를 끌 만한 자료를 모으는 것이라고 생각한 데 있다. 화려한 시각적 효과와 재미를 겸비한 자료가 아이들의 배우고자 하는 의욕을 북돋아 줄 것이라고 착각했다. 아이들을 유혹할 화려한 자료가 하나쯤은 있어야 좋은 수업이라고 생각했다. 수업을 위해 모든 것을 준비했지만 수업을 진행할 교사는 수업할 준비가 되어 있지 않았던 것이다.

가장 큰 문제는 인터넷에서 자료를 찾고 다운로드하며 수업하는 동안 교사로서 발전은 없었다는 것이다. 자료는 너무나 많았지만 어떻게 활용해야 할지 몰랐으며, 수업 시간에 아이들의 질문에 답을 하지 못해 머뭇거리기도 했다. 하나의 수업이 아이들에게 어떤 의미가 있으며, 어떻게 가르치는 것이 효과적인지 고민도 하지 않았다. 아이들에게 지적 호기심과 배움의 즐거움을 줄 수업을 구상하는 것보다 '이 자료라면 한 시간은 보낼 수 있겠다'는 시간 때우기용 자료를 찾는 데 익숙해진 교사가 된 것이다.

수업 시간에 아이들에게 화나는 순간

수업 시간에 아이들에게 화가 날 때도 있다. 수업 시간에 화가 나는 순간은 더 많은 정보를 주고 싶은 마음에 열정적으로 설명하고 있는데 아이들이 딴짓을 하고 있을 때다.

또 다른 순간은 중요한 발표를 하고 있는데 아이들이 발표를 듣지 않고 자기들끼리 이야기하거나 딴짓을 하고 있을 때다. 한 아이가 수업에서 핵심적인 이야기를 하고 있는데 다른 쪽에서 장난치던 아이가 눈에 띄면 핵심적인 발표를 한 친구에 대한 기쁨은 온데간데없이 사라진다. 그 기쁜 감정을 장난치는 몇몇 아이에 대한 분노가 대신 채웠다.

아이들에게 경청을 강요했다. 학교라는 공간은 배우기 위해 오는 것이며 교사뿐만 아니라 친구들에게서도 배워야 한다는 논리로 아이들을 설득했다. 하지만 담임 선생님이 하는 말에 고개를 끄덕이는 것도 잠시, 아이들은 또다시 교사의 말과 친구의 발표를 듣지 않았다. 학생 인권에 대한 고민이 없던 시절에는 경청하지 않는 아이를 일으켜 세우기도 했다. 벌을 주기도 했다. 하지만 그것조차 효과가 없었다. 무엇이 문제였을까?

모둠 활동에서 경청에 대한 해답을 얻을 수 있었다. 아이들이 모둠 활동을 할 때는 모둠원이 하는 말을 주의 깊게 듣고 있었다. 그리고 한 친구가 제시한 의견에 다른 친구가 의견을 더하기도 하고, 의견이 맞지 않으면 다투기도 했다. 전체를 대상으로 발표를 한 번도 하지 않던 아이가 모둠 활동에서는 자연스럽게 의견을 내는 모습을 보였다. 모둠 활동에서는 많은 아이가 활발하게 참여하며 자유롭게 의견을 내는 분위기를 만들었다. 모둠에서는 서로 의견을 경청했다.

교사 주도 수업의 반성

러닝 피라미드라는 개념이 있다. 학습 활동을 한 후 24시간이 지나면 일반 강의는 단 5%만 기억나고, 독서는 10%, 시청각 자료는 20%, 시연은 30%, 집단 토의 참여는 50%, 직접 행동으로 연습한 경우는 75%, 그리고 누군가를 가르치면 90%를 기억한다는 개념이다.

이것은 에드가 데일 교수가 1946년에 제시한 '경험의 원추'에서 출발한 것으로 단지 읽기만 하기보다는 듣거나 보는 것이 더 기억에 도움이 되고, 직접 하거나 다른 사람을 가르치면 더 많은 내용을 기억한다는 이론에 배경을 두고 있다. 이 이론에 따르면 수업 시간에 교사만 가르치니 본의 아니게 교사는 점점 더 배움의 효과를 톡톡히 누리고, 학생은 수업이 끝나고 그다음 날이 되면 어제 배운 내용을 잊어버리게 되는 것이다.

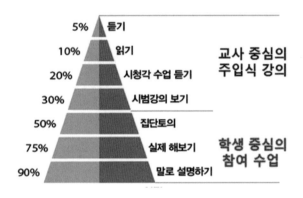

학습 효과 피라미드 - NTL(National Training Laboratory)

한때 수업은 교사가 주도해야 한다고 생각했다. 교과서에는 답이 정해져 있었다. 그 정답을 아이들 입으로 말하길 기대했고 그 정답을 이끌어 내기 위해 끊임없는 발문 릴레이를 이어 갔다. 정답이 확실히 생각난 아이들만 손을 들고 발표하다 보니 몇몇 학생과 교사만을 위한 수업으로 흘러갔다. 나머지 아이들은 들러리가 될 뿐이었다.

모둠 활동을 해 보니 아이들이 정리한 이야기 속에는 교과서보다 훨씬 다양한 답이 존재했고 아이들은 서로 이야기를 경청하며 들었다. 친구가 모르는 것이 있으면 자신이 이해한 방법으로 설명하고, 교사에게는 모르는 부분을 말하기 어려워 그냥 넘어갔던 아이들도 친구에게는 편하게 질문한다. 때로는 교사가 하는 설명보다 또래 친구의 언어가 이해하기 쉽다며 친구에게 물어보는 아이가 많다. 가르쳐 주는 아이들도 마냥 손해 보는 것은 아니다. 친구를 가르치면서 배운 내용을 한 번 더 정리하게 되고, 누군가를 가르쳐 주는 경험으로 성취감도 느끼니 더 열심히 가르쳐 주려고 한다.

교사가 배움의 주제를 던지고 아이들은 모둠별로 서로 이야기하며 답을 찾아가는 수업은 나와 아이들에게 화가 나지 않는 수업 중 하나다. 교사는 아이들을 가르치며 배움의 효과를 혼자서만 누리지 않아도 된다. 아이들이 배움에서 소외되지 않는 수업을 고민하고 있다면 수업 시간에 아이들이 말하게 하자.

03

교과서는 단지 참고 자료일 뿐이다

"교과서 펴라."

수업이 시작하면 교사는 자연스럽게 말한다. 당연하겠지만 많은 학교에서 교과서를 기본으로 수업한다. 교과서를 뺀 수업은 상상하기 힘들다. 교과서는 국가 주도의 교육 과정 체제 안에서 교육 과정의 목표를 가장 정직하고 쉽게 달성할 수 있는 수단이다.

그렇다면 교과서란 무엇인가? 보통 '교수와 학습에 필요로 하는 지식 내용을 교육 과정에 따라 제시한 교육서'라고 정의한다. 한국민족문화대백과사전에 따르면, 국가 예산을 사용하여 교과서를 제작해서 학교에 배포하는 이유는 다음과 같다.

교과서를 생성하는 근거는 교육 과정이다. 교육 과정이란 교육 목표를 달성하는 데 필요한 교육 및 학습 내용을 편성하여 체계적으로 정리한 교과 계획을 말한다. 교과 계획은 특정한 교육 및 학습 내용을 학교 교육의 목적에 맞게 조직해 놓은 체계적인 묶음을 가리킨다. 즉, 초·중·고등학교에서 수업을 통해 학생들이 학습해야 할 지식과 기술 등을 학문 영역 또는 교육 활동 영역에 따라 조직해 놓은 기본 자료다.

교과에는 그 시대와 사회가 지향하는 교육적 가치를 반영한 내용이 선정된다. 이것을 반영한 수단이 교과서이며, 이는 각 교과를 체계적이고 효과적으로 학습할 수 있도록 편찬·발행한 것이다. 따라서 교사에게는 학생을 지도하기 위한 교육 활동의 기본 매체가 되며, 학생에게는 학습할 내용을 담은 기초 자료가 된다.

— 「한국민족문화대백과사전」

이 같은 목적에서 학교에 배포하는 교과서에는 기본적으로 아이들이 익혀야 할 분절된 지식이 있다. 이것을 아이들이 배우고 익히게 하면 민주 시민으로서 자질을 함양할 수 있다는 전제가 달려 있다.

이런 '지식'의 학습은 근대 산업 사회에서는 상당히 의미 있는 지식이었다. 개인이 지닌 지식량 차이는 곧 부와 권력의 차이를 의미했다. 그러나 급변하는 21세기, 폭발적인 지식 정보량의 증대 속에서 더는 의미가 없다. 개인의 머릿속에 존재하는 지식 차이는 검색해서 찾을 수 있는 지식으로 이미 대체되었다. 지식 정보 분야의 전문가들은 지식 정보량이 1년에 두 배 또는 세 배씩 기하급수적으로 증가한다고 말한다. 지금 학생들이 활용할 수 있는 인류 지식의 총량은 10년 후 학생들이 활용할 수 있는 지식 정보의 1% 수준에 불과할 것이라고 한다. 지식 사회는 벌써 우리가 모르는 사이에 도래했다.

지식에는 휘발성이 있다. 새로운 지식이 등장하여 기존 지식을 뒤엎기 때문이다. 지식은 요동하고 휘발한다. 또 지식이 많아지면서 어떤 지식은 택하고 어떤 지식은 버릴지 결정해야 하는 비판적 지식이 요구된다. 교과서에서 인도하는 대로 문제를 해결하며 개념과 문제 해결 방법을 익히던 수준을 넘어서야 한다.

학생들에게 교과서 지식을 가지런히 정리해서 떠먹여 주던 친절함이 오히려 학생의 배울 기회를 막고 있음을 인식해야 한다. 교사가 더 불친절해야 한다. 텍스트에서 내가 원하는 지식을 찾아내고 종합하고, 새로운 문제를 찾을 수 있는 창의적인 질문은 교사가 친절함을 보이면 발현되지 않는다. 3학년 정도 되는 아이들은 교과서만 보고도 오늘 무엇을 배울지 짐작할 수 있다. 똑똑한 아이들은 교사가 어떤 답을 원하며 발문하는지도 안다. 거기서 교사는 선택해야 한다. 똑똑하거나 선행 학습한 아이들과 대답 놀이를 하며 수업을 마칠지, 아니면 수업을 재구성하여 새로운 텍스트로 아이들과 함께 다양한 이야기를 할지 말이다.

간혹 교과서를 재구성하는 것이 어렵고 두렵다는 교사가 있다. 전혀 그렇지 않다. 그 교사도 교과서 재구성을 잘하고 있다. 단지 몇 가지 과목에 편중되어 있다는 것이 아쉽기는 하지만 말이다. 주위를 둘러보면 많은 교사가 미술 교과서대로 수업하지 않는다. 필요에 따라 교사 커뮤니티 사이트에서 자료를 찾거나 미술 교과서를 재구성해서 학교에서 보관 중인 준비물로 할 수 있는 수업을 계획하고 가르친다.

음악도 동학년에서 1인 1악기로 리코더를 배우기로 정했다면 교육 과정을 재구성하여 꾸준히 리코더를 가르친다. 체육을 체육 교과서대로 가르치는 교사도 보지 못했다. 심한 경우 1년 내내 체육 교과를 피구와 관련한 활동으로 재구성해서 가르치기도 한다. 재구성해서 가르치는 교과들을 보라. 아이들이 얼마나 재미있어 하는가? 그런데 국어, 수학, 과학, 사회 등 아이들이 교과서로만 배우면 가장 재미없어하는 과목은 재구성하길 두려워한다. 왜 그럴까?

국어, 수학 같은 주지 교과의 경우 재구성을 했을 때 평가가 부담스럽기 때문이다. 재구성하는 것도 쉽지 않지만, 재구성하여 배운 내용을 중심으로 평가지를 새롭게 제작해야 한다는 것이 교사에게는 부담으로 작용한다.

경기도교육청에서는 교육 과정, 수업, 평가(기록)를 일체화하라고 강조한다. 쉽게 말해 "교육 과정을 재구성하여 수업하고 그 수업과 관련하여 평가하라. 특정한 시험으로 학생을 판단하기보다 성장 과정을 확인하는 방향으로 평가 결과를 기록하라."라는 의미다. 당연히 이런 방향으로 나아가야 한다고 생각한다. 그런데 문제는 일선 교사들이 교수평가일체화를 위해 교과서와 다른 텍스트로 교육 과정을 재구성하여 수업을 진행한 후 평가지를 제작하는 것이 두려워 다시 교과서를 배우는 불상사가 벌어지는 것이다.

이때 절실하게 요구되는 것이 교사의 전문성으로 모인 '집단 지성'

이다. 혼자 교육 과정을 재구성하여 효과적으로 수업하고 평가지도 새롭게 만드는 것은 부담스럽다. 하지만 함께 교육 과정을 고민하고 재구성하여 수업에 적용하기 위해 연구하는 것은 교사 성장에 엄청난 도움을 준다고 확신한다.

특히 2015 개정교육과정에서는 각 교과별 핵심 개념과 이것을 반영한 학년별 내용 요소를 교육 과정 내용체계표로 나타냈다. 내용체계표를 참고하면 교사는 차시 단위가 아닌 주제 중심으로 수업을 설계하기 수월하다. 이는 교육 과정 재구성에 좀 더 쉽게 다가갈 수 있는 디딤돌 역할을 한다. 교육 과정을 재구성하고 수업에 적용하기 위해 어떤 고민이 필요한지는 다음 장에서 자세히 다룬다.

04

교사 주도 수업에서 학생 중심 수업으로

아이들은 무엇을 배우고 싶어 할까? 교사로서 듣기 곤란한 질문 중 하나다. 교과서가 있기 때문이다. 그것이 아이들이 무엇을 배우고 싶어 하는지 교사가 굳이 궁금해 하지 않아도 되는 이유다. 그래서 처음으로 수업할 때는 먼저 동기를 유발한다. 특히 공개수업을 할 때는 필수 과정이다.

당연하지만 교과서는 아이들이 무엇을 배우고 싶은지보다 아이들에게 무엇을 가르쳐야 할지를 연구하고 제작한 책이다. 그래서 교과서로 진도를 나가려면 오늘 배울 내용을 왜 배워야 하는지 학생들에게 주지시킬 필요가 있다. 보통 수업 성패는 여기서 결정이 난다. 오늘 배울 내용이 학생들의 동기를 얼마나 이끌어 낼 수 있는지 말이다.

교사들은 배울 동기가 명확하지 않은 학생들을 배움에 끌어오기 위해 수업을 연구한다. 이 수업 내용이 아이들에게는 배울 동기를 고민하게 하고, 교사에게는 더 쉽게 이해하도록 가르치는 방법을 고민하게 하는 것이다. 그마저도 통하지 않는다면 교사에게 남은 방법은 하나다. 배우고 싶은 동기가 없어 딴짓하는 아이들을 혼내면서 그냥 가르치는 방법이다.

이런 방법은 결국 대부분의 학생이 수업을 그저 듣고 있다는 수동적인 의미를 넘어서지 못한다. 그렇다고 수업 기획을 온전히 아이들에게 맡길 수는 없다. 교사는 국가 교육 과정의 실제적인 운영을 학급 내에서 담당해야 하기 때문이다. 다시 말해 교사에게는 교육부에서 제시한 성취 기준을 충족하는 교과 활동을 학생들에게 제공할 의무가 있다.

그렇다면 국가 주도 교육 과정 내에서 교사는 어떻게 학생들이 능동적으로 수업에 참여할 수 있도록 할 것인가? 철학자 질 들뢰즈는 '배치'를 달리함으로써 대상이 갖는 의미가 달라질 수 있다고 말한다.

날아가는 공은 그 앞뒤 이웃에 무엇이 오는가에 따라 다른 의미를 갖게 된다. 공의 앞뒤에 한국인 선수들이 있다면 그 공의 의미는 '패스'가 되지만 한국 선수+공+일본 선수가 되면 공의 의미는 패스미스가 된다. 가령 벽-문-자물쇠는 침실이란 공간을 특징 짓는 '배치'다. 어느 하나만 없어도 침실이 되지 못한다. 반면 배열 순서를 약간 바꾸면 그것은 감옥의 배치가 된다. 어떤 방도 그런 식으로 배열되면 모두 감옥이 된다. 전자에서 자물쇠는 보호 장치 내지 프라이버시 장치이지만, 후자에서 그것은 감금 장치가 된다.

— 『책과 만나다 book+ing』, 수유연구실+연구공간 '너머'

들뢰즈의 '배치' 개념을 수업에 적용해 보자. 가르칠 내용—교사의 지도—학생의 요구 순으로 수업을 배치하면 학생이 배우고 싶은 내용은 교사가 가르친 내용 범위 안에 한정될 가능성이 높다. 반면 학생의 요구—가르칠 내용—교사의 지도 순으로 수업을 기획하면 가르칠 내용을 포함하면서도 그것을 넘어서는 수업도 얼마든지 가능하다. 물론 모든 수업을 이런 방식으로 기획할 수는 없다. 하지만 프로젝트 수업처럼 긴 호흡으로 진행하는 경우에는 학생들의 적극적 참여가 필수적으로 요구된다. 그래서 수업 기획 단계에서 학생들의 요구를 충분히 수용해야 한다.

나에게는 온 책 읽기 수업이 그러했다. 온 책 읽기를 이용한 주제 통합 수업은 매 수업 시간마다 학생들의 동기를 유도해야 하는 부담이 덜하다. 책을 읽으면서 아이들이 하고 싶은 것을 자연스럽게 떠올리기 때문이다. 교사는 배움의 주체인 아이들이 하고 싶은 활동과 가르쳐야 할 내용이 겹치는 부분을 찾아 연결 짓는 역할을 하면 된다.

실제적인 예를 들면 이해하기 더 쉬울 것 같다. 3학년 아이들과 동화책 『한밤중 달빛 식당』으로 온 책 읽기 활동을 진행했다. 먼저 여름방학 때 2학기에 온 책 읽기를 수행할 기본 도서인 『한밤중 달빛 식당』과 학생들이 수행할 기본 활동을 정한다. 2학기가 시작되면 모든 학생이 책을 구입하게 하여 함께 읽는다. 그리고 학생들에게 책을 읽으면

서 하고 싶은 활동을 이야기하게 한다. 학생들이 하고 싶어 했던 활동
은 다음과 같다.

1. 음식 만들어서 먹기
2. 달빛 식당과 메뉴판에 있던 음식을 클레이로 만들어 보기
3. 마음을 위로하는 메뉴판 만들기
4. 클레이로 달 모형 만들고 고민 깃발 꽂기
5. 고민을 종이에 적은 후 찢어서 교실 난장판 만들기
6. 한 장면을 연극으로 만들어 발표하기
7. 한 장면을 골라 그려 보기

교사는 학생들이 하고 싶어 하는 활동 중에서 교과의 성취 기준을
참고하여 수업에 반영할 수 있는 것을 선정하면 된다. 학생들이 수업
에 능동적으로 참여하게 하는 것은 그리 어려운 일이 아니다. 오히려
교사가 오로지 혼자 힘으로 수업을 기획하고 끌고 가는 것이 더 힘들
고 외로운 일이라고 생각한다. 교사가 학생 요구에 관해 배치를 다르
게 함으로써 학생도 수업에 좀 더 적극적인 의미를 가진 주체로 참여
할 수 있다.

05 교사의 삶이 수업 재료다

'수업은 기술이 아니라 예술이다'는 말이 있다. 한 치의 오차도 없이 톱니바퀴처럼 맞물려 돌아가는 것이 기술이라면 예술은 그것을 구상하고 만든 사람의 내면, 즉 다양한 삶의 방향성과 고민, 가치관 등을 담아 표현한 총체다.

언젠가 시계의 심장인 무브먼트가 작동하는 모습을 영상으로 본적이 있다. 작고 반짝이는 수많은 부품이 서로 맞물려 일정한 속도로 움직이는 모습은 정말 매혹적이었다. 하지만 시계의 무브먼트처럼 한치의 오차도 없이 진행된다면 과연 그 수업은 아름답다고 할 수 있을까? 그 수업에서 감동을 느낄 수 있을까? 교사와 학생은 성장하고 있다 느낄 수 있을까?

큐레이터의 설명을 들으면 예술가가 예술 작품에서 무엇을 말하고 싶은지 알 수 있는 것처럼, 수업을 자세히 보면 교사가 학생에게 무엇을 말하고 싶은지 알 수 있다. 교사 내면의 성찰, 삶의 방향성, 고민, 가치관 등이 수업 구상에 영향을 주고 있는 것이다. 결국 수업은 교사로 사는 한 사람이 하나의 주제에 대해 학생으로 사는 한 사람에게 말을 거는 것과 같다.

> 우리가 일생 동안 하는 여행 중에서 가장 먼 여행은 머리에서 가슴까지의 여행입니다. 이 공부는 우리를 가두고 있는 완고한 인식들을 망치로 깨뜨리는 것에서 시작합니다. 공부는 머리에서 가슴으로 가는 애정과 공감입니다. 또 하나의 먼 여행은 '가슴에서 발'까지의 여행입니다. 삶이 공부이고 공부가 삶이라고 하는 까닭은 그것이 실천이고 변화이기 때문입니다. 공부는 세계를 변화시키고 자기를 변화시키는 것입니다. 공부는 머리가 아니라 가슴으로 하는 것이며 가슴에서 끝나는 것이 아니라 가슴에서 발까지의 여행입니다.
>
> – 「담론」, 신영복

신영복 교수의 글처럼 수업을 구상할 때는 학생 머리에서 시작하여 가슴을 거쳐 발을 움직여 스스로 실천할 수 있도록 하는 데 마음을 모아야 한다. 그런데 그런 수업을 구상하는 일은 어렵다. 교사의 머리로만 이리저리 고민해서 수업을 생각하고 구상하는 것은 쉽다. 하지만 교사의 삶이 받쳐 주지 않는 수업은 학생들에게 전해지기도 전에 힘을 잃고 만다. 수업에 교사 자신의 삶이 없기 때문이다.

우리가 훌륭한 사상을 갖기가 어렵다고 하는 까닭은 그 사상 자체가 무슨 난해한 내용이나 복잡한 체계를 하고 있기 때문이 아니라, 사상이란 그것의 내용이 우리의 생활 속에서 실천됨으로써 비로소 완성되는 것이라는 사실 때문입니다. 생활 속에 실현된 것만큼의 사상만이 자기 것이며 그 나머지는 아무리 강론하고 공감하더라도 결코 자기 것이 아닙니다. 자기 것이 아닌 것을 자기 것으로 하는 경우 이를 도둑이라고 부르고 있거니와, 훌륭한 사상을 말하되 그에 못 미치는 생활을 하고 있는 경우 우리는 이를 무어라 이름해야 하는지…….

– 「감옥으로부터의 사색」, 신영복

오래전 수업 시간에 〈지식채널e〉를 보며 생각과 느낌을 나누는 활동을 했다. 그 영상은 스탠리 밀그램 교수의 유명한 실험과 관련하여 권위를 가진 누군가가 나에게 비인간적인 행동을 하라고 시킨다면 어떻게 할 것인지를 묻는 내용이었다. 영상을 보고 난 후 아이들에게 물었다. "애들아, 선생님이 ○○가 수업 시간에 너무 떠들어서 그 짝꿍에게 ○○의 머리를 한 대 세게 때리라고 했어. 너희들이 그 짝꿍이라면 어떻게 하겠니?"

아이들은 잠시 고민하며 웅성웅성하더니 그중 용기 있는 한 아이가 말했다.

"그런 말은 들을 수 없어요. 그것은 비인간적인 행동이잖아요."

방금 영상을 보고 난 후라 다들 매우 용감해져 있는 상태였기에 가능한 말이었다. 그러나 그 후 몇몇 아이들은 "솔직히 그런 상황이면 선생님이 하는 말씀이고 안 들으면 혼나니까 살살 때리겠어요."라고 말했다. 나는 솔직하게 이야기한 아이들에게 한마디 덧붙였다.

"애들아, 지금은 너희들이 그런 경험이 많지 않겠지. 하지만 선생님처럼 어른이 되고 직장을 가지면 사장이 부당하고 상식에 맞지 않는 일을 강요하는 상황이 생긴단다. 그럴 경우 너희는 어떻게 하겠니? 아니, 어떻게 해야 할까? 네가 그 말을 듣지 않는다면 사장이 회사를 그만두게 할 수도 있어."

"저는 그만두더라도 부당한 일은 하지 않겠습니다."

"그래. 지금 네가 한 그 말을 꼭 기억해라." 하고 수업을 마치려는 순간 한 아이가 손을 들더니 나에게 물었다.

"선생님은 그 상황에서 어떻게 하시겠어요?"

그 말을 듣고 가슴이 멍해졌다. 선생님 입에서 무슨 말이 나올지 기다리는 아이들을 쳐다보면서 흔들리는 눈빛을 들키고 싶지 않았다.

"선생님도 그 부당한 명령을 하는 사람과 관계를 끊어야지." 하고 수업을 마쳤다. 그런데 수업이 끝나고도 왠지 찜찜한 마음이 남았다. 아이들은 가장 가까운 어른인 담임 선생님에게 선생님이 한 질문을 그대로 돌려준 것뿐인데, 그 아이의 질문 하나가 나를 너무 부끄럽게 했다.

아이들에게 말한 것처럼 그렇게 살지 못하고 있지는 않은지 수많은 질문이 나를 찔렀다. 수업 시간에 메신저를 보내 급한 공문을 처리하라는 부당한 업무 지시에 말 한마디 하지 못한 채 아이들의 시간을 뺏었다. 그리고 담임 선생님이 지시한 활동을 하지 않는다고 교사 권위를 내세우며 벌을 주는 것을 단체 생활을 하려면 어쩔 수 없다고 정당화하기도 했다. 그 수업은 아이들의 가장 순수한 눈으로 내 가장 깊숙한 곳에 숨겨진 이중성을 들여다보게 했다.

그 수업에서 느낀 것이 하나 있다. 내가 계획한 수업으로 가장 먼저 내 삶을 비추어 보아야 한다는 것이다. 가끔 내 삶이 들어 있지 않은 수업을 할 때면 아이들에게 진실한 삶을 말하지 못한 부끄러운 감정이 나를 다시 붙잡는 것 같다. 수업을 하면서 언젠가는 가르치는 것과 내가 사는 삶이 비슷해지길 바랄 뿐이다.

06
주간학습안내를 디자인하라

초등 교사라면 일주일에 한 번씩 주간학습안내를 작성할 것이다. 주간학습안내는 말 그대로 일주일 동안 학교에서 배울 내용을 정리하여 가정에 안내하려는 목적에서 배포한다. 그런 의미에서 보면 주간학습안내는 일주일 동안 교사와 학생이 가르치고 배울 것에 대한 약속인 셈이다.

주간학습안내를 가정에 배부하는 다른 이유는 가정통신란 때문이다. 가정통신란에는 만에 하나 학교에서 사고가 발생했을 때 지도 근거를 마련하기 위한 생활 안전 교육, 학습에 필요한 준비물, 학교 및 학급 행사 내용 등을 기재한다. 학부모가 주간학습안내를 보는 이유도 바로 이것 때문이다. 하지만 행사가 뜸할 때는 가정통신란에 쓸 내용도 형식적이기 때문에 가정에서도 소홀해진다.

주간학습안내

10월21일 –10월25일(9주)　　　　　　　　　　　　　초등학교 2학년

	월 (21일)	화 (22일)	수 (23일)	목 (24일)	금 (25일)
행사	교통안전	생활안전	보건안전	화재안전	재난안전
1교시	국어	가을 2-2	가을 2-2	자율	가을 2-2
	겪은 일을 나타낸 시나 노래를 안다 (1/2)	(슬)가을의 맛을 찾아서 (1/2)	(즐)왕도토리 (1/2)	◆애플데이_자율활동	(슬)주렁주렁 가을 열매 (1/2)
	118-123쪽	96-99쪽	100-103쪽	***	104-105쪽
2교시	국어	가을 2-2	가을 2-2	자율	가을 2-2
	겪은 일을 나타낸 시나 노래를 안다 (2/2)	(슬)가을의 맛을 찾아서 (2/2)	(즐)왕도토리 (2/2)	◆애플데이_자율활동	(슬)주렁주렁 가을 열매 (2/2)
	118-123쪽	96-99쪽	100-103쪽	***	104-105쪽
3교시	가을 2-2	안전	국어	통합	진로
	(즐)내가 만드는 가을의 소리 (1/2)	화재 발생 건물에서의 대피법(안전한생활)	◆'해님달님' 인형극관람	(즐)숲체험	꿈꾸는 미래 꿈꾸는 나(진로활동)
	90-91쪽	-	***	***	-
4교시	가을 2-2	수학	수학	통합	국어
	(즐)내가 만드는 가을의 소리 (2/2)	cm보다 더 큰 단위를 알아볼까요	자로 길이를 재어 볼까요	◆(즐)숲체험	겪은 일을 시나 노래로 표현하는 방법을 안다 (2/2)
	90-91쪽	60-61(40-41)쪽	62-63(42-43)쪽	***	124-127(국어 활동 36-37)쪽
5교시	수학	가을 2-2		국어	자율
	(단원 도입) 길이를 재어 볼까요	(즐)<수업 만들기>		겪은 일을 시나 노래로 표현하는 방법을 안다 (1/2)	◆통일교육_자율활동
	58-59(39)쪽	92-95쪽		124-127(국어 활동 36-37)쪽	***
준비물	휴지심 2개, 쌀알 등 조금 통에 담아오기		운동화, 간편복 방석(줄인형극할 시 필요한 사람) 가져오기	운동화, 간편복	각자 정해진 가을 열매

생활 지도	① 나침반 안전교육 – **나를 지키고, 침착하게 대처하려면, 반드시 익혀야 하는 5분 안전 교육** ② **학교안전** – 실내화 실외화 구분하여 신기, 실내에서 소곤소곤 말하기, 복도통행 지키기 ✕ 교내 복도 및 계단에서 뛰어다니면 위험해요! ③ **학교 수업 후** – 곧장 집으로 가고, 외출할 때는 반드시 집안 어른의 허락을 받도록 합니다. ④ **예절교육** – 공수인사를 생활화 하여 예절 바른 어린이가 됩니다. ⑤ **학교폭력예방** – 친구 때리지 않기, 욕설하지 않기, 사이좋게 잘 지내기 (**상대방의 생각에 의거 판단**)
가정 통신	♠ 2학기 독후활동상 - 독후기록 20권 이상 ♠ 줄넘기인증제 (~12월) -양발모아뛰기 1급-120회, 2급-80회, 3급-40회 -줄넘기 학교 사물함에 가져다 놓기 ♠ 인플루엔자 무료 예방접종 - 대상 :만 12세 이하 어린이 - 희망하시는 경우 가까운 위탁의료기관에서 접종하시기 바랍니다. ♠ 학습준비물이 아닌 물건은 학교에 가지고 오지 않습니다. ♠ 일교차가 큰 날씨가 계속 되고 있습니다. 손을 깨끗하게 씻는 것을 습관화 하고, 얇은 옷을 여러 벌 겹쳐 입어 체온을 잘 유지합시다. ♠ '나의 안전은 나의 책임' -등··하교시 도서관 앞 운동장 쪽으로 다닙니다. -건물의 비스듬한 벽면이나 조회대, 창틀, 사물함 등에 올라가지 않습니다. ✕ 주간학습안내에 기재된 내용은 학교, 학년 및 학급 사정에 의해 변경될 수 있습니다.

요즘에는 교육 과정과 주간학습안내 등 교사가 해야 하는 서류 업무를 도와주는 프로그램이 있어서 편해졌다. 교사가 몇 가지만 입력하면 교육 과정에 따라 주간학습안내를 한글 파일로 변환하고 수정 및 출력할 수 있다. 인터넷에서 주간학습안내를 검색해 보면 각 학교 별로 양식이 비슷한 것을 확인할 수 있다. 거의 모든 초등학교에서 사용하는 듯하다. 두 가지 주간학습안내를 소개하겠다.

주간학습안내 예시 1에 따라 수업한다면 많은 학교의 동학년 학생들은 같은 내용을 배우고 있다는 의미가 된다. 주간학습안내만 보아서는 구체적으로 아이들이 어떤 것을 배우는지 알기 어렵다. 배우는 것에 큰 호기심도 생기지 않는다. 아이들도 배우는 내용 중에서 궁금한 것이 있으면 담임 선생님에게 계속 물어본다. 더구나 이 주간학습안내를 작성한 교사는 별개로 실제 수업 계획을 작성하든 머릿속에서 구상하든지 해야 한다.

다음으로 주간학습안내 예시 2를 보자.

이 주간학습안내는 '주간학습안내' 대신에 '가게 조사를 해보자'란 제목을 적어 놓았다. 한 주 동안 배우는 내용 중에서 아이들이 가장 좋아할 만한 내용, 중요한 주제 등 핵심적인 부분을 알 수 있도록 적었다. 아이들은 주간학습안내에 적힌 제목을 보고 한 주의 배움을 기다렸다.

또 교과별 제재마다 배울 내용을 상세히 적어 놓았다. 주간학습안내에 작은 수업 계획서가 있는 것이다. 주간학습안내를 작성하면서 동시에 일주일 동안에 할 수업도 준비하는 것이다. 일주일에 한 번씩

가게 조사를 해보자

10월21일 −10월25일(10주)   초등학교 1학년

	월 (21일)	화 (22일)	수 (23일)	목 (24일)	금 (25일)	1학년이 자주 틀리는 말
행사			받아쓰기			1. 잠자리를 잡았다. 2. 친구에게 사탕을 줬다. 3. 아침에 일어나기 힘들다. 4. 나라면 이렇게 할 텐데 5. 숙제를 끝내고 놀자. 6. 계단을 걸어 올라갔다. 7. 날씨가 추워졌다. 8. 어제 친구하고 부딪혔다. 9. 엄마와 가게에 갔다. 10. 열이 나서 아팠다.
1교시	창체 삶이 묻어나는 글쓰기(1) -	국 어 일기를 쓰면 좋은 점 알기 118-121쪽	국 어 인상 깊었던 일을 글로 쓰는 방법 알기 -인상적이었던 일 고르는 방법 알기 -글로 쓸 내용을 정리하는 방법	국 어 일기의 제목을 정하는 방법 알기 -일기의 제목을 정하는 방법 정리하기 -문이가 쓴 다른 일기에 알맞은 제목 붙이기	이웃1 가게의 종류 알아보기 -물건을 산 경험 이야기하기 -물건을 사는 곳	
2교시	창체 삶이 묻어나는 글쓰기(2)	수 학 뺄셈을 할 수 있어요(1) -50-10의 계산방법 알아보기 90-91(51-52)쪽	일을 글로 쓰는 방법 살펴보기 -정리한 내용을 글로 쓰는 방법 -적용하기 122-127쪽	-그림에 알맞은 일기의 제목 붙이기 -일기의 제목이 적절한지 점검하기 128-131쪽	-지금 나에게 가장 필요한 물건 알아보기 -물건을 사는 방법 정리하기 66-69쪽	
3교시	수 학 덧셈을 할 수 있어요(3) -30+20 계산방법 알아보기 86-87(47-48)쪽	이웃1 걸로 걸로 가다가 -노래듣고 느낌 말하기 -주고받으며 노래부르기 -기분받치며 노래부르기	이웃1 우리 주변의 가게 알아보기 -가게 조사 계획 세우기 -물건을 살 수 있는 가게의 종류 알아보기	수 학 뺄셈을 할 수 있어요(3) -34-20의 계산방법 알아보기 94-95(55-56)쪽	창 체 문집 중간 정리 -자기 글 중에 문집에 넣을 글 정하고 쓰기 -	
4교시	수 학 덧셈을 할 수 있어요(4) -37+12 계산방법 알아보기 88-89(49-50)쪽	이웃1 -다양한 방법으로 소고치기 -노행을 바꾸어 노래부르기 -장국장단에 맞추어 노래부르기 60-61쪽	-가게 조사하기 -조사한 내용 알아보기 64-65쪽	창 체 받아쓰기 -	창 체 문집 중간 정리 -자기 글 중에 문집에 넣을 글 정하고 쓰기	
5교시		이웃1 화났어요 -학용품을 바르게 사용하는 방법 알아보기 62-63쪽	수 학 뺄셈을 할 수 있어요(2) -29-8의 계산방법 알아보기 92-93(53-54)쪽			
개인 준비물	<창체>검정색 볼펜	<이웃>소고	<이웃숙제>이웃학습지 해오기			
가정 통신						

◆ 담임교사에 대한 학부모의 교원 만족도 조사를 진행 중입니다. 교원 만족도 조사를 하는 방법에 대한 안내문이 나갈 예정이니 참고하시기 바랍니다.

◆ 이번 주는 학부모 상담주간입니다. 일정을 참고하셔서 상담시간에 늦지 않게 오시면 됩니다.

◆ 이번 주 수요일(23일) 이웃숙제는 가게를 정하여 부모님과 가서 둘러보며 조사한 내용을 정리하는 과제입니다. 가게의 이름과 가게에서 물건이나, 가격 등을 물어본 내용, 조사하고 느낀 점을 적어오는 과제이니 활동지를 나눠주면 잘 보관하였다가 적어서 수요일에 가지고 올 수 있도록 합니다.

◆ 24일(목)에는 현장체험학습 명예교사 사전 설명회를 1-1반 교실에서 3시에 진행할 예정입니다.

동료 교사와 함께 수업을 준비하고 자료를 만들면 혼자 하는 것보다 더 좋다. 배울 내용이 적혀 있으니 학생마다 와서 교사에게 무엇을 배우냐고 물어보지 않아 일일이 대답해 주는 수고도 덜 수 있다.

가장 오른편에 있는 1학년이 자주 틀리는 말은 받아쓰기와 관련되어 있다. 보통 받아쓰기는 국어책에 나오는 어휘를 쓰는데 아이들이 자주 사용하는 낱말이 아닌 것도 많다. 2학기부터 일기를 쓰는 활동이 있어서 글쓰기를 시작했는데 아이들이 자주 틀리는 낱말이 보였다. 그래서 아이들이 자주 틀리는 말을 받아쓰기 문장으로 만들면 좋겠다고 생각했다. 동학년 선생님들과 매주 주간학습안내를 같이 준비하며 정리했다.

주간학습안내는 별 의미 없이 매주 작성해야 하는 문서가 아니라 교사와 아이, 그리고 학부모에게 꼭 필요한 배움의 약속이라고 생각한다. 교사에게는 한 주간 수업을 고민하고 준비하는 소중한 시간이며, 학생에게는 무엇을 배울지 기대하게 한다.

07

학습 결손을 대하는 교사의 태도

"항상 공부 못하는 아이를 단디 챙겨라."

어머니와 연락할 때면 구수한 경상도 사투리로 이렇게 말씀하시고 끊으신다. 교사로 임용된 후로 지금까지 아이들 가르치는 이야기를 할 때면 빠지지 않고 하시는 말씀이다. 어머니의 그 말씀 때문일까? 한글을 못 읽어 수업 시간에 딴짓만 하는 아이, 수학 시간만 되면 수학이 제일 싫다며 짜증을 내는 아이들이 자꾸 눈에 들어왔다. 그 아이들의 학습에 결손이 벌어지는 것을 더는 그냥 두고 볼 수 없었다. 제대로 가르치지 못하고 학년을 올려 보내는 것은 교사로서 죄책감이 들었다.

한편으로 교사를 시험하는 아이들 또한 바로 그런 아이들이었다. 수업 시간에 터지는 문제 상황 중 다수는 학습 결손이 있는 아이들과 관련되어 있다. 학습 결손은 대부분 생활지도 건과 관련된다. 당연히 교사와 갈등이 심화된다.

유명한 정신과 의사 에릭 번이 제창한 '인생 각본' 이론은 유아기의 생활 환경과 부모의 가치관, 사고방식, 매일 하는 습관 등이 아기의 잠재의식에 깊이 새겨진다고 말한다. 아기는 태어나는 순간부터 축적한 데이터를 나름대로 해석하여 잠재의식 속에서 자기의 인생 각본을 쓰기 시작한다. 서너 살이 되면 대강의 줄거리가 정해진다. 초등학교를 졸업할 무렵에는 이 줄거리에 상세한 스토리를 덧붙여 마무리하기에 이른다.

예를 들어 어릴 때부터 작은 실수에도 심하게 꾸중을 들은 아이는 이런 상황에서 이런 행동을 하면 어른에게 꾸중을 듣는다는 각본을 쓴다는 것이다. 똑같은 실수를 했는데도 꾸중하지 않는 어른을 만나면 점차 각본이 달라지겠지만, 각본이 고착화된 상태에서는 내가 생각한 인생 각본대로 어른이 꾸중할 때까지 그 행동을 반복하고 강도도 심해진다. 마침내 어른이 꾸중하면 아이는 자신이 쓴 인생 각본에 확신을 가지게 되는 것이다.

나는 학습 결손이 있는 아이들이 부정적으로 인생 각본을 쓰고 있지는 않을까 마음이 불편했다. 모른 척하고 싶을 때도 있었다. 하지만 아이들 마음이 가슴 한편에 들어오면 모른 척하기가 쉽지 않았다. 공부로 관심과 사랑과 칭찬을 받기 어려운 상황에 직면하여 좌절을 겪으니 다른 것으로 관심을 받고 싶지 않을까 싶어, 학습 결손을 줄이며 자신감을 갖게 하는 방향으로 생활지도가 필요했다. 문제 상황은 끊임없이 세포가 분열하듯 확대 재생산되어 매번 상황을 인지, 파악, 훈육, 수습하기 바빴다. 하지만 학습 결손은 어디부터가 문제인지 구체적이고 명확히 볼 수 있다. 더구나 초등학교 때 생긴 학습 결손은 그리 많이 누적되어 있지 않다.

수업 시간에 자주 그 아이를 관찰하는 것부터 시작했다. 그 아이가 어디에서 머뭇거리는지 보고 도움이 필요한 경우라면 내가 직접 가르쳐 준다. 친구 사이라도 매번 아이들에게 가르쳐 달라고 부탁하기가 불편할 수 있고, 친구와 갈등이 있는 경우라면 친구들도 가르쳐 준다고 쉽게 접근하기 어렵기 때문이다. 교사가 가장 신경 써야 하는 부분은 '내가 이해하기 어려운 문제는 교사에게 도움을 받는 것이 자연스러운 모습이다'는 교실 분위기를 만들어 가는 것이다.

수업 시간에 교사가 도움을 주는 것으로 부족한 아이들은 방과 후에 더 가르쳐야 한다. 보통 학습 결손이 심한 아이는 부모가 학습적인 면에 신경을 쓰지 못하는 상황이거나 가정 문제가 동반된 경우가 많다. 학습에 온전히 집중할 수 없는 상황이다. 교사가 가정에 기댈 수 없다. 이런 아이들은 부모와 통화하여 방과 후에 따로 남아서 공부하면 좋겠다고 이야기했다. 보통 부모는 자기가 힘든 부분을 교사가 해 준다고 하면 오히려 고마워한다.

학습에서 부족한 부분을 공부할 때는 아이가 확실하게 이해했는지 확인하는 작업이 필요하고, 자신감을 가질 수 있는 기회를 주도록 해야 한다. 그 아이가 수업 시간에 문제를 해결해 보도록 하는 것이다. 아이들 앞에서 문제를 해결하려고 노력하는 과정을 칭찬하는 것도 잊지 않는다.

힘들고 많은 인내와 끈기가 필요한 과정이지만 한 아이의 긍정적 변화를 보는 것은 교사로서 가장 보람된 일이다. 수업 시간에 맨날 그림만 그리던 아이가 문제를 혼자 풀고, 교사가 하는 질문에 답을 말하겠다고 손을 들고, '아하' 하며 이해한다는 표정을 짓는 것을 볼 때면 어마어마한 감동을 느낀다.

쉬는 시간에 그림만 그려서 혼자 그림 그리는 것을 좋아한다고 단정했던 아이가 있었다. 수업 시간에도 그림을 그리던 아이였다. 학습 결손이 심하여 방과 후에 나와 함께 꽤 오랫동안 공부를 해서 스스로 공부하는 힘을 길렀다. 오랜 시간 꾸준히 공부하면서 친구와 어울려 노는 것을 그림 그리는 것보다 더 좋아함을 알게 되었다. 쉬는 시간에 친구와 어울려 노는 소리에 섞여 들리는 그 아이의 웃음소리가 모두 말해 주고 있었다.

나 거기 서 있다

몸의 중심은 심장이 아니다
몸이 아플 때 아픈 곳이 중심이 된다.

가족의 중심은 아빠가 아니다
아픈 사람이 가족의 중심이 된다.

총구 앞에 인간의 존엄성이 짓밟히고
양심과 정의와 아이들이 학살되는 곳
이 순간 그곳이 세계의 중심이다.

국경과 종교와 인종을 넘어
피에 젖은 그대 곁에
지금 나 여기 서 있다.
지금 나 거기 서 있다.

– 『그러니 그대 사라지지 말아라』 중 「나 거기 서 있다」, 박노해

박노해 시인의 시처럼 우리 교실에서 중심은 공부를 잘하고 학교 생활을 너무 잘하는 아이에게 있는 것이 아니다. 그 아이들에게는 미안하지만 자주 다투고 사랑받고 싶은데, 관심받고 싶은데 그 방법을 아직 잘 모르는 아이들에게 있다. 공부가 어려운데 도움받을 사람도, 도움 주겠다는 사람도 없어 공부가 싫다고 말하는 아이들에게 있다. 그렇게 함께 아파하고 고민하는 과정 속에 모두의 성장이 있다는 것을 믿기 때문이다.

08
공.개.수.업은 교사의 철학이다

교사는 대부분 공개수업을 부담스러워 한다. 교사가 자신의 수업을 공개하고, 수업을 참관한 교사들이 함께 모여 수업 나눔을 하는 이유는 명확하다. 수업이란 행위를 통해 교사라면 누구나 마주하는 여러 가지 문제를 함께 고민하고 해결 실마리를 찾아가기 위함일 것이다.

예전에 공개수업은 내 인격과 교직에 대한 자질, 수업 능력을 평가받는 자리였다. 그래서 공개수업을 하기 전 많은 시간을 고민하고 준비하며 잔뜩 긴장한 채 수업에 임할 수밖에 없었다. 더 긴장되는 자리는 공개수업이 끝나고 맞이하는 협의회였다. 수업 시간 동안 수업지도안에 빼곡히 기록한 관리자와 선배 교사의 수업 비평에 눈물을 쏟지 않은 교사는 거의 없을 것이다.

공개수업은 교사인 나를 낱낱이 까발리는 자리였다. 당연하게도 교사는 공개수업을 가장 부담스러운 수업으로 인식한다. 그리하여 학교 전체 교직원을 대상으로 한 공개수업이나 타 학교 교사를 대상으로 한 공개수업은 막내 교사에게 맡겨졌고, 울며 겨자 먹기식으로 공개수업을 진행했다.

하지만 요즘 공개수업 및 협의회 분위기가 예전과는 사뭇 달라졌다. 신규 교사라면 의무적으로 참여해야 하는 임상장학도, 공개수업이 끝난 후 하는 협의회도 예전과는 달리 컨설팅 느낌이 강하다. 다양한 수업 방법과 학생의 관계 형성, 학급 운영 등에 관해 관리자와 참관자에게 도움을 구하고 받는 식이다.

동료 장학이란 이름으로 행하는 공개수업은 모든 교사가 수업을 공개하는 것이 원칙이다. 비록 동료 장학은 교원능력개발평가의 동료 평가와 관련되어 있지만 동료 장학과 동료 평가를 연관 지어 평가에 적용하는 교사는 거의 없다. 단 한 번의 수업으로 교사의 수업 기획력과 수업 기술, 학급 분위기를 평가할 수 없다는 강한 반감이 교사들에게 자리 잡고 있기 때문이다.

이런 상황임에도 여전히 공개수업은 부담스럽다. 왜 그럴까? 수업은 교사의 개별적 영역이라는 인식이 강하게 깔려 있기 때문이다. 공개수업만 하지 않으면 누구도 내가 어떻게 수업을 하는지 모른다. 내수업 방식과 철학, 아이들을 대하는 태도 등 모든 것을 비밀에 부칠수 있다. 학생들은 성적, 사상, 종교적 신념에 반하지만 않는다면 친구들끼리 교사 뒷담화를 할지라도 교사에 대해 공격적으로 반감은 드러내지 않는다. 동료 교사와 함께 문제 아동과 별난 학부모를 욕하기는 쉬워도 수업 이야기를 꺼내기는 쉽지 않다. 기껏해야 수업 자료나 활동지를 공유하는 것에 그치고 만다.

자신의 수업에 대해 문제의식을 가진 교사는 사적으로 책을 사서 읽거나 연수를 듣는다. 책을 보고 연수를 들으며 용기를 얻어 새로운 수업 방식을 적용해 보려고 노력하기도 한다. 하지만 일주일을 넘기지 못하고 다시 예전으로 돌아오고 만다. 당당히 수업을 바꾸겠다는 다짐을 학생들에게 공식적으로 이야기하지 않은 것을 다행으로 여기며 슬그머니 예전 수업 방식으로 돌아간다. 하지만 마음속에는 계속 새로운 수업에 대한 열정의 불씨가 남아 있어 연수를 듣고 여러 책을 읽으며 고민한다. 그만큼 교사에게 수업은 존재 가치를 부여하는 본질적인 문제이지만 가장 감추고 싶은 사생활이기도 하다.

교사의 사생활인 수업을 공개해야 할 때는 사정이 달라진다. 나를 너무나 잘 아는 손님을 초대했다면 크게 신경 쓰지 않고 사는 모습을 보여 줄 수 있다. 그러나 나를 잘 모르는 귀한 손님이 온다면 집 안을 뒤집고 청소하며 정리하는 것과 비슷한 상황이다. 내 수업을 잘 모르는 손님이 오니 불안할 수밖에 없다.

나를 어떻게 평가할까?, 내 수업 기획에 오류는 없나?, 아이들의 예상하지 못한 행동에 평소대로 훈육해도 괜찮을까?, 예상하지 못한 질문이 쏟아지면 어떻게 하지? 등 질문이 끊임없이 이어진다. 미셸 푸코가 『감시와 처벌』에서 언급했던 판옵티콘에 갇힌 죄수처럼 내 수업을 보는 모든 참관자의 시선을 내재화하는 것이다. 이 상황이 어찌 부담스럽지 않다고 말할 수 있단 말인가?

여기서 한 번 생각해 보아야 할 것이 있다. 과연 수업은 교사만의 사생활일까? 앞서 간과한 것이 하나 있다. 바로 수업이란 상황에서는 교사와 함께 학생이 존재한다는 것이다. 수업이 교사 혼자만 피아노를 치는 음악회라고 한다면 실수는 온전히 교사의 책임이다. 하지만 실제 수업은 그렇지 않다. 교사가 수업을 진행하지만, 수업의 참여자이자 배움 주체는 바로 학생이다. 수업에서 어떤 행위를 통해 배움에 나아가야 하는 사람은 교사가 아닌 학생이다. 그래서 수업은 교사의 사적인 영역이 아니라 국가가 정한 공적인 교육 과정을 재해석하여 교사와 학생이 서로 상호 작용함으로써 배움이 일어나는 지극히 공적인 영역인 것이다.

그렇다면 교사는 공개수업을 어떻게 바라보아야 하는가? 수업은 교사만의 사생활이 아니기 때문에 아이들이 상호 작용하며 배우는 과정을 수업하는 교사 혼자서는 다 볼 수 없다. 그래서 아이들의 배움 과정을 깊게 들여다보는 동료 교사가 필요하다. 수업에서 일어나는 배움 과정을 보고 어느 부분에서 배움이 멈추었는지 찾는 공식적인 책임은 수업을 참관하는 모든 교사에게 있다. 그런 책임감으로 공개수업을 참관해야 한다. 서로가 함께 수업에 대해 고민하는 과정에서 교사의 성장이 있다.

결론적으로 수업을 공개하는 것은 모든 교사에게 막중한 책임을 부여하는 것이다. 수업을 사적인 영역이라고 생각하는 교사에게는 공개수업이 마냥 부담스럽다. 하지만 수업을 참관하는 교사에게 초점을 맞추면, 편한 마음으로 수업을 보는 자리가 아니라 아이들이 배움에 더 편하게 다가갈 수 있도록 고민하는 자리인 것이다. 수업이 끝나고 나면 교사를 평가하는 것이 아니라 참관자로서 내 책임을 증명해야 하는 것이 참관 교사다.

공개수업에 대한 인식 전환은 쉽게 바뀌지 않는다. 학교 시스템부터 먼저 바꾸어야 한다. 수업 관찰 체크 리스트부터 없애고 참관록 내용도 다음과 같이 수업 교사의 요구로 채우면 어떨까?

이 수업에서 이 부분에 대한 참관 교사의 의견은 무엇인가요?

3모둠의 홍길동 학생이 모둠 활동에 참여할 때 어떤 부분에서 소외되었나요? 교사는 어떻게 지원해 주면 좋을까요?

수업을 잘하고 싶은 마음은 모든 교사가 똑같다. 그렇기 때문에 함께 고민하고 서로 도와주어야 한다. 평소에 동료 교사에게 수업에 관한 내 고민을 조금씩 드러내자. 그리고 나를 잘 아는 사람을 집에 초대한 것처럼 동료 교사를 수업에 초대해 보자.

아이들의 삶을 글로 표현하는 글쓰기 지도법

모름지기 글은 이런 것이라고 믿는다. 글을 씀으로써 삶은 비로소 생각으로 정리되고, 그렇게 정리된 생각들은 다시 삶에 전적으로 반영된다. 삶과 글은 끊임없이 꼬리를 물고 순환한다. 글에 대한 철학을 가장 잘 드러낸 것으로 김규항이 쓴 다음 문장을 꼽을 수 있겠다.

삶을 더 낫게 만들지 않는다면, 인간을 더 낫게 만들지 않는다면 글은 아무것도 아니다. 결국 문장에 대한 태도는 삶에 대한 태도와 같다.

그렇다. 글을 쓰는 동기는 각자 다르다고 할지라도 글이라는 수단으로 삶에 대한 내 생각을 정리하고 더 옳은 삶을 살고자 발버둥치는 것이다.

그렇다면 아이들에게 글쓰기 지도를 어떻게 해야 할까? 가장 먼저 교사가 글을 좋아하고 글을 써야 한다. 교사가 글을 쓰지 않으면서 아이들에게만 쓰라고 하는 것은 읽지 않은 책을 권하는 것과 같고, 살아보지 않은 삶을 살라고 강요하는 것과 같다. 글을 쓰는 것의 고통을 알고 그 고통에서 카타르시스를 얻은 사람, 내가 쓴 글이 내 삶을 움직이는 것을 경험한 사람은 글의 힘을 알고 있다. 글이 주는 삶의 감동을 느낄 줄 아는 교사는 아이들의 삐뚤빼뚤한 글씨 뒤에 숨어 있는 삶을 온전히 이해할 수 있다.

글쓰기를 가르쳐야겠다고 마음먹게 한 글이 있다. 임길택 선생님께서 아이들의 시를 묶어 시집으로 출판하셨는데, 그 책의 머리말에 있던 글이다.

더불어 살기를 바라며

내가 아이들과 글쓰기를 시작한 것은 세상에 '사북사태'로 널리 알려진 80년 4월이 지난 뒤부터였다.

누구의 잘잘못을 가리기 앞서 우리 아버지들은 크게 노했고, 건물이 불탔으며 더러 다친 사람들도 있었다. 그래도 교실은 문을 닫지 않았고, 아이들은 두 눈을 멀뚱거리며 학교를 나오곤 했다. 왜 그런 일들이 일어나는지 아이들은 몰랐고, 나 또한 그런 까닭을 설명할 수 없었지만, 우리들이 서로가 서로를 너무 알지 못한 채 이 세상을 살아가고 있다는 것만은 확실했다.

특별히 '글짓기'를 모르는 아이들이었지만 그들이 지금 살고 있는 이야기를 꾸밈없이 글로 쓸 수는 있었고, 나는 아이들이 모두 돌아간 오후 내 책상에 앉아 그 글들을 읽었다. 그리고 더러 가슴 미어짐을 어쩔 수 없어 그 글을 읽다 말고 창가로 가면, 아직도 좁은 운동장엔 가방을 놔 둔 채 뛰고 달리며 신나게 노는 아이들이 눈에 띄었다.

나는 조금씩 그들을 사랑하게 되었고 비로소, 아이들 편에 서는 '선생님'이 되어 갔다. 매가 멀어져 갔고 게으름이 피어오를 때마다 무엇엔가 흠칫 놀라 돌아섰다. 맞춤법과 띄어쓰기가 형편없는 글씨로 아이들은 날마다 나를 가르치고 있었던 것이다.

– 『아버지 월급 콩알만 하네』, 사북 초등 학교 64명 어린이 시, 임길택 엮음

아이들은 글을 쓰자고 하면 싫어한다. 귀찮기도 하지만, 무엇보다 골똘히 생각하는 힘이 없기 때문일 것이다. 하지만 요즘 아이들도 시간적 여유를 가지고 글쓰기를 가르치면 충분히 관심을 보이고 진심을 담아 글을 쓴다. 이오덕 선생님의 글쓰기 지도 방법을 참고하여 아이들에게 글쓰기를 지도한 방법을 간단히 소개하려고 한다. 자세한 내용은 이오덕 선생님의 『글쓰기 어떻게 가르칠까』를 읽으면 많은 도움이 될 것이다.

글쓰기를 지도하는 단계

글쓰기 지도는 총 여섯 단계를 거친다. ⑴ 글감(쓸거리) 정하기 ⑵ 얼거리 잡기 ⑶ 적기 ⑷ 다듬기 ⑸ 발표하기 ⑹ 글 맛보기와 비평하기 지도 요령은 다음과 같다.

글을 쓰기 전에 하면 좋은 활동: 견주어 보기

(마음을 담아 쓴 글과 꾸며 쓴 글을 구분하게 하기)

마음을 담아 글을 쓴다는 것이 쉽게 잘 그려지지 않는 아이들을 위해 글로 미리 써서 보여 주면 말로 설명하는 것보다 효과적이다. 그리고 자신의 마음과는 다른, 누군가에게 잘 보이고자 꾸며 쓴 글도 함께 보여 주고 글을 견주어 보게 하면 '이런 것도 써도 되구나' 하고 마음 놓고 글을 쓸 수 있다.

부모님 은혜

부모님은 우리를 낳아 주시고 길러 주시는 분들입니다. 만약 부모님이 계시지 않았다면 우리는 이 세상에 있을 수 없었을 것입니다. 그래서 우리는 부모님을 생명의 은인으로 알아야 한다고 생각합니다. 내가 무슨 잘못을 저지르면 어머니는 꾸중하십니다. 그러면 내가 왜 그랬던가 하고 반성을 하게 됩니다. 그리고 다음부터는 그러지 않아야지 다짐을 하게 됩니다. 우리들은 부모님의 은혜를 잘 모릅니다.

우리는 낳아 주시고 길러 주신 부모님을 평생 잊지 말아야 하겠습니다. 부모님 말씀을 잘 듣고 공부 열심히 하는 착한 사람이 됩시다.

술 챈 아버지

시간을 마치고 집으로 왔다. 아버지께서는 술이 채셨다. 아버지가 가방을 벗어 놓고 부엌에 오라고 하셨다. 그래서 부엌에 가보니 아버지께서 밥을 먹을래 안 먹을래 그랬다. 안 먹는다고 하니 아버지가 놀로 가라고 하셨다. 맨 처음에는 놀로 가라고 하는 소리를 안 들었다. 그러니 아버지께서 큰 몽댕이로 맞아야 하나 그랬다. 속으로 아버지가 미웠다. 아버지가 술이 너무 많이 채서 무섭는 것 같았다.

숙제를 하는데도 아버지가 상방에 누가 불을 켜 놨노 하면서 방문을 열으셨다. 아버지께서 책을 들고 나온나고 하셨다. 나가니 아버지께서 들어가서 공부해라고 하셨다.

엄마도 없는데 아버지가 술을 먹고 채서 집으로 오는 게 무슨 말이 되노. 아버지가 술 챘는 것을 엄마가 알면 싸우겠구나 생각했다. 술챈 아버지는 우리 아버지가 아니라고 생각했다.

－『글쓰기 어떻게 가르칠까』, 이오덕

(1) 글감(쓸거리) 정하기

아이들에게 글을 쓰자고 하면 대다수가 쓸거리가 떠오르지 않는다고 말한다. 특별한 일만 써야 한다는 생각이 강하기 때문이다. 이때는 아이와 함께 대화하다 보면 쓸거리가 떠오르기도 한다. 오늘은 쉬는 시간에 무엇을 하고, 어제 학교가 끝나고 친구들과 무엇을 하며 놀았는지 등 글감을 정하기 위해 대화하다 보면 저절로 떠오른다. 때로는 글쓰기 주제를 주기도 하는데 아이들이 학교에서 같이 한 활동을 마치고 쓰게 하면 좋다. 그리고 교실에서 일어난 어떤 문제를 고민한 후 쓸 수 있도록 제목을 정해 주는 것도 좋겠다. 제목만 정해지면 글쓰기 반은 성공했다고 할 수 있다.

(2) 얼거리 잡기

제목을 정하면 쓸 내용을 정리해야 한다. 보통 친구와 축구를 했던 일을 제목으로 정하고 글을 쓰게 하면 처음부터 끝까지 시간 흐름에 따라 적는 경우가 많다. 그렇게 쓰면 글쓰기는 노동이 되고 힘만 든다. 글감으로 정한 일에서 생생하게 기억에 남는 한 가지만 머릿속으로 정리하는 과정이 필요하다. 이오덕 선생님은 직접 조사하고 관찰하거나 일을 한 후 쓰게 하면 더 살아 있는 글이 된다고 강조했다. 일을 한다는 것은 무엇을 직접 한다는 의미다. 요즘은 위험하고 어려서 더디다는 이유로 아이들이 직접 무엇인가를 하는 것을 허락하지 않는다. 수동적 체험은 넘쳐 나는 대신 아이들만의 즉흥적인 호기심으로 주체적으로 무엇인가를 하는 것은 줄어드는 세태가 안타까울 뿐이다.

(3) 적기

실제로 글을 쓰는 단계다. 이오덕 선생님은 글을 쓰는 태도에 대한 지도를 강조했다. 쓰는 태도에서 몇 가지 지도할 것은 다음과 같다.

첫째, 신명이 나는 대로 한꺼번에 쓰게 한다.

둘째, 온 정신을 글쓰기에 모은다.

셋째, 남들이 잘 알 수 있게 자세하게 쓴다.

넷째, 자기 말로, 자기가 일상에서 입으로 나오는 말 그대로 쓰게 한다.

나는 글쓰기에서 남들이 잘 알 수 있게 자세하게 쓰라고 강조한다. 아이들은 글을 쓸 때 자신을 중심으로 글을 쓰려는 경향이 있다. 그래서 아이들의 글을 읽다 보면 그 상황이 잘 그려지지 않는다. 모르는 사람이 읽어도 그 이야기를 이해할 수 있게 써야 시간이 흐른 후 다시 읽었을 때도 생생하게 기억에 남는다고 강조한다.

(4) 다듬기

다듬기에서 가장 중요한 부분은 교사가 아이들의 글을 고치지 않는 것이다. 아이들이 쓴 글을 읽을 때는 그들의 삶을 이해하는 데 초점을 두어야 한다. 글을 스스로 고치게 하되 다듬을 때는 다음을 살펴보라고 알려 주어야 한다.

- 쓰려고 한 것이 충분히 나타났는가?
- 무엇을 썼는지 알 수 없는 곳, 확실하지 않은 표현을 사용한 곳은 없는가?
- 사실과 맞지 않은 곳은 없는가?
- 좀 더 자세히 써야 할 대문은 없는가?
- 필요 없는 말, 줄여도 될 부분은 없는가?
- 자기의 말로 썼는가?
- 꼭 맞는 말을 썼는가?

글을 다듬을 수 있게 지도하는 방법은 여러 가지가 있지만, 나는 주로 아이와 글을 놓고 앉아서 이야기하고 스스로 다듬게 한다. 그러나 글에 댓글을 달아 주며 궁금한 것을 물어보는 것은 최소화한다. 가끔씩 글쓴이의 동의를 얻어 마음이 잘 드러나게 쓴 글을 읽어 주며 감동을 나누기도 한다.

(5) 발표하기

아이들의 글을 발표하는 방법은 아이들이 쓴 글 중에서 함께 읽어 봄직한 글을 골라 읽어 주는 것도 있지만, 모든 아이의 소중한 글을 모아 학급문집을 만드는 방법도 있다. 교사가 시도해 봄직한 발표 방법은 매달 반 아이들이 쓴 글 중에서 마음이 잘 드러난 글을 추려 신문처럼 만들어 배부하는 것이다. 매달 하는 것이 부담스럽다면 학기에 한 번 아이들에게 배부하고 같이 읽어 보는 것부터 시작해도 좋다. 예를 들면 오른쪽 그림과 같다.

글을 쓰는 것은 상당한 고통이 따른다. 하지만 그 고통을 이겨 내고 글을 쓰는 삶을 이어 가면 글로 쓴 대로 내 삶을 조금씩 인도하는 경험을 할 수 있게 된다. 글을 쓰는 것보다 더 힘든 것은 글쓰기를 지도하는 일이다. 하지만 앞서 언급했듯이, 교사가 글쓰기를 좋아한다면 지도하는 고통도 충분히 감수할 만큼 행복함을 느낄 것이다.

글담

'글담'은 글에 삶을 담는다는 뜻입니다.

1조.
글쓴이: 3학년 3반 아이들
편 입: 조숙 선생님

🖐 고영준 5.10
오늘 저녁은 치킨을 먹는 날이다. 바삭한 나는 후라이.
다. 행사하면 재미가 없고기 재밌다. 정말로 속상하다.

🖐 이화율 5.23
나는 연습용이 정말 좋았다. 왜냐하면 할머니 집에 가서 아버지께랑 장했기 때문이다. 나는 원래 칠 먼지 신나기 말했었기가 있다. 그래행 차량이먼 귀 부분 집었지 힘드다가 풀어버 생겼더라다. 마지막 아침 생겼다. 왜냐하면 슬프었기 때문이다. 이제 정말로 공용하다.

🖐 고서우 5.9
제목: 강아지
오늘은 누구나 우리 이해되어 강아지를 꿰어었하고 하사서 이해하기 우리집으로 가지고 싶다. 그래서 나는 "어떻게 와이"라고 흥분하며 물었다. 근데 아빠께서 "여기 이해되어, 이거 좋아졌어"라고 말하었다. 그래진서 이해되어 박스를 가지고 위아래로 흔들었다. 그래서 나는 "진짜야?" 나왔다. 그래행 집안을 단저정 살펴보였다가 보르지 못했다. 하였다. 왜냐하면 강아지들 우리집에서가 때문이다. 영아에게 본 모시가면 까시고, 피아비 실이 이화에서 수신했거 데려가야고 했었다. 강아지가 지는 모습이 정말 개기 싫었다. 근데 자기 조금 보고 싶기도 하고 그래를 것도 있다.

🖐 오지아나 5.3
날씨: 화기 주고 싶다 구 싶다 지수에게 추운 날
제목: 멀었잖게 체험을 체육원
오늘 학교에서 체육원화을 하는 날이었고, 근데 방에 내가 축추하고 날씨도 좋아지 신나게 가서 했다. 체육 썼으므로 애들에 따라가지 대치를 했다. 출전 선수는...

🖐 김영훈 5.10
제목: 생일
오늘 이침밥은 밖에밥 김밥을 알았는데 치킨이었다. 왜냐하면 어제 먹은 치킨이 남은 게 먹은 거다. 양념이에 씨어 이제서 향긋이었다. 다음에도 먹고 싶다.

🖐 송새라 5.30
오늘은 학교에서 생태학습을 했다. 산을 오르로 힘들게 생생에 올라가었다. 산을 내려오고 좋은 보는데 한편의 양 생명이 있었다. 그래서 원준이가 생생고가를 유정게를 했었었... 근데 양 생명이 경말만의 우리 싫었고, 생생활원에 편다대을 했다. 근데 한편의의 차들 나와 생생활원 편다대을 힘들고어 산을 빠게 올라왔다. 유정이와 진도와 장가... 친화를 했다. 근데 만 한편이 반 배들이 올라왔었다가 기다렸다. 그래행 성에 올라에 기다렸다.

🖐 조기쁨 5.10
나는 오늘 양아많 자전거를 타고 음물러스카 갔다. 자전거지고 음물러스라기 가는 게 너무나우 힘들었다. 그리고 얼마아지 시간 걸렸다. 왜나하면 이게지 날씨가 때문이다.

🖐 어린재 5.10
날씨: 미세먼지는 보통
오늘은 양아많 치과를 갔다. 왜냐하면 지난에 인재이 들 지나에서 났었거리 이거 고치로 가아한거다. 그래서 오 나를 시작를 긴다. 나는 좀... 무서웠다. 이를 빼려는 건데 나를 어떻게 우리를 없이... 순 서를 기다렸다. 드디어 내 차례가 되었다. 주사바냐하면 참고 눌었었다. 그런데... 거의 30분을 기다어야 했다. 기다리고, 기다리고 또 드디어 끝났다.

🖐 이지율 5.8
제목: 우리 강아지 중심의 한 날
오늘은 우리 강아지 우정이 수술하는 날이다. 나는 어 집까지 심장이 벌렁벌렁했다. 학교가 끝났다. 나는 서 둘러서 집에 갔다. 근데 강아지는 거울이 없었다. 그 리고 강아지가 가장이 중... 거였었다. 나는 개가 극정을 했다. 강아지가 너무 걱정되었다. 하지만 나는 강아 지 곁에 있어주었다. 실망적인 학원에 가려하고 그래서 엄마가 개말 묻어주었다. 요~ 우정이의 수술은 어 될 것 같다.
유~ 내가 사랑이이서 다행이다.

🖐 김현서 5.30
날씨: 화기가 이 융화하 좋은...
나는 과학시간에 선배트의 산대버디를 때 세운이와 원인이대 같이 내려갔다. 나는 원인이 세운이 밀기어 아웃 것 같아서 세운이 곁을 완전시학했다. "세운아, 원인 이, 빨에서 아직 완전히 만 나는 수 있었어?" 이렇게 물어 시 갈까 조심히, 아기 녀 두가 거울어("세요 말했다. 원인이가 "현서가 세운아 자정하서 밀어서 싫어" 라고 말했 다. 그리고 조금 지나서 세운이도 "현서: 싫어 책딸" 라고 말했다.
김가가 적정해요. 나는 "아, 왜해 나아 딸건 책자행 거 가꾸면서 해"라고 말하였다. 그래비 더 너아홈 때아 자 시 이로 "집한놓이"를 했다.

🖐 이재민 5.10
날씨: 맑고 더운 날
갑자기 큰 생각없이 나는 피아노를 딩동당 연습했다. 그래의 생각이 들지 않았다. 그래서 그렇게 피아노가 좀 딩동어번도 해보니 좀 어려운 게 많다.

🖐 윤수안 5.23
날씨: 오늘도 또 날씨는 맑고 깨끗하!! 꼭 내 마음 같아 라치다. 양면 차별역습을 당함했어...
오늘은 만 같에 몇 개주변이 얼마를 미워하였다. 그 고 만약을 해봤어지기 없었다. 비로 윤정이일 만들거다. 마지막으로 송겨과 장식이 그렸을 그래는 것이었다. 그리고 내가 아이는 인형 프로의 미카에게 생일 입법에

색길에 주는 것이 있었다. 그것도 때다 모르의 통생 포들을 만들어나요다. 하지만 순청할 때나 기분이 별로 였다. 다음엔 생활을 더 많이 하고 싶었다.

🖐 최성욱 5.23
날씨: 맑고 흐림
제목: 비으슨 날 배움 것
어제 다르신학에서다. 왜냐하면 학교에서 우마나라 의 문화으를 조사하기가 있어어다. 근데 터청이거면 도쿄에나바와 세가나앴다고 그래서 찾해 있다. 도쿄의 나 슬펐다고 해서 나는 그래서 것안 있는 거같 주문했 다. 나 개시가 환아거이 남았다. 오늘 비가 왔나 해 음 내다. 일으로 비가 오는 나일 때는 남비를 꼭 300에 다.

🖐 장학늠 5.18
어제 우차를 이어가를 했다. 학습에 선생님이 채주었 다. 나는 우지는 정을 설명해 과로 책임다는 선생님 쪽소이가 키가 심적 올랐다. 근데 선생님에서 우치을 대 기를 하다가 강지 디어온 게시고. 끝나벼렸다. 서음... 예웅, 생각이 빠르. 카르고. 끝나거 다른 아이들이 손 을 벗벗만데 깔깔이 잘. 산 손이 "끄고 뿐" 났고... 끄.. 결 정도 찾아 떠보아거 찾아해... 수항이 같니 까 됨이었다. 나는 뒤편을 받았다. 시람 발표하해 "발 참다!" 걸었다. 친구 싸다. 다행히 너무 아쉬지는 않 았다.

생태학습 마인 사진.

| 4부 |

교사의 철학은
생활지도에서
완성된다

01

누구를 위한 생활지도일까?

생활지도하면 떠오르는 이미지가 있다. 조용한 교실과 복도에서 질서를 지키며 걷는 아이들의 모습이다. 왜일까? 곰곰이 생각해 보니 교장 선생님과 교감 선생님이 매번 교무회의 때 교실과 복도에서 뛰지 않도록 생활지도를 철저히 하라고 강조했기 때문이리라. 그런 연유로 학기 초에는 각 반 담임 선생님의 생활지도에 임하는 태도가 엄중하다. 생활지도의 성패는 3월 한 달에 달려 있다는 선배 교사들의 압박도 한몫 한다.

주변에서 볼 수 있는 예만 살펴보아도 과연 무엇을 위한 생활지도인지 분명해진다. 복도와 계단에서 우측통행하기, 실내화 신고 밖에 나가지 않기, 급식 줄 설 때 이야기하지 않기, 줄 서서 이동할 때는 공수하기, 신발장에 신발주머니를 넣을 때는 손잡이 부분을 먼저 넣어

깔끔하게 정리하기, 학교 엘리베이터는 아픈 사람만 이용하기, 친구에게는 바른 말 고운 말 사용하기 등 기본 생활 습관 정착이라는 명분 하에 학기 초에 공표하는 학급 생활지도 규칙이 수도 없이 많다. 교사도 기억하기 힘들 정도로 많은데, 하물며 아이들은 어떨까? 또 이 규칙을 지키지 못해 혼날 때 겪는 좌절감과 이 규칙을 지켰을 때 얻는 기쁨 중 어느 것이 더 클까?

사실 이런 고민을 시작한 지도 얼마 되지 않는다. 나도 3월이면 아이들의 학교 생활을 돕는다는 신념하에 많은 규칙을 만들었고, 그 규칙에 따라오길 요구했다. 우리 모두의 안전이라는 강력한 이유를 들며 아이들이 규칙에 수긍하게 했다.

하지만 내가 만든 규칙의 그물이 엉성해서였을까? 그 규칙을 어긴 것은 맞으나 그렇다고 완전히 어긴 것도 아닌 문제들이 생겨났다. 1~2명이 미꾸라지처럼 규칙을 빠져나가기 시작하면 교실 질서는 조만간 엉망이 될 것이라는 걱정이 앞섰다. 그리하여 규칙을 더 촘촘하게 만들었다. 하지만 문제가 생겼다. 규칙 수가 점차 늘어나면서 규칙을 어긴 아이들도 늘어난 것이다. 나도 위법자를 신고하는 아이들의 민원을 듣다가 지쳐 갔고 아이들도 지키지 않은 규칙만 이야기하는 내 모습에 고개만 끄덕이다 돌아갔다. 규칙의 수호자는 규칙을 지키지 않는 아이 때문에 힘들고, 규칙을 지키지 않은 아이는 맨날 선생님한테 가서 이르는 아이들이 미웠다. 아이들끼리 관계도 점차 망가졌다. 이미 학기 초에 세운 규칙은 무너지고 있었다.

3월에는 아이들을 엄하게 지도해야 한다는 선배 교사의 말에 대한 반감으로 아이들과 친구처럼 지내고 싶었다. 아이들에게 친절하게 대하겠다고 다짐했다. 하지만 내가 아이들을 대하는 정성만큼 아이들은 내 말을 존중하지 않는 것 같아 아이들에게 화가 났다.

'친구처럼 대하겠다고 하니 진짜 친구로 보이나?' 점점 이런 생각이 내 머릿속을 채웠다. 선배 교사의 말을 듣지 않은 것을 후회하면서 애초에 나는 친구 같은 선생님이 될 생각조차 없었음을 깨달았다. 그저 친구 같은 선생님의 말을 잘 듣는 아이들 이미지를 원했던 것이다. 결국에는 내가 원하는 모습으로 생활하도록 강요하고 있었다.

처음부터 다시 생각했다. 왜 생활지도를 해야 하는가? 생활지도를 하는 목적은 무엇인가? 왜 규칙을 만들어야 하는가? 학기 초에 세운 규칙은 무엇을 위한 것인가? 아이들의 안전을 위한다는 명목으로 규칙을 만들었지만, 대부분의 규칙은 아이들 행동을 통제하려는 것이었다. 아이들을 능숙하게 통제하는 교사의 모습을 보여 주고 싶었던 것이다.

생활지도의 원어는 'life guidance'다. 원어를 그대로 해석하면 '삶의 안내'라고 할 수 있다. 생활지도라고 이름 붙인 교육 활동에 대한 교사 역할은 '교실이란 공간에서 교사와 아이가 함께 살기 위한 안내'인 것이다. 생활지도의 목적은 결국 우리가 행복하게 사는 방법을 고민하는 데 있다. 교사 마음대로 규칙을 정하거나 아이 말을 빌려 교사가 원하는 방향으로 이끄는 삶은 아이들을 통제하기 위함이었다.

학기 초에는 '어떻게 하면 아이들이 규칙을 잘 지키도록 지도할까?'보다 '우리가 어떻게 지내면 행복할 수 있을까?'를 고민하는 것이 먼저다.

02
교사, 생활지도에서 상처를 입다

　아이들과 함께 생활한다는 것은 항상 상처받을 준비를 하는 것과 같다. 깊은 고민 없이 내뱉는 아이들 말에 상처받는 날이 얼마나 많았던가. 교사와 아이 사이에 지켜야 할 선을 넘는 그 모습에 상처받고 참아 내는 교사가 있는가 하면, 상처되는 말을 한 아이에게 훈계를 하는 교사와 그 상처를 똑같은 상처로 갚는 교사도 있다. 하지만 그 상황이 지나가고 남는 것은 결국 상처뿐이다.

　아이들끼리는 더 복잡하고 다양하게 상처를 주고받는다. 매일 상담을 요청하며 찾아오는 아이들을 대하다 보면 말에 받는 상처, 관계에서 입는 상처, 행동으로 받은 상처 등 종류도 다양하고, 친구에게 받은 상처가 곪아 감정이 폭발하는 경우도 본다.

　쉬는 시간에 아이들과 상담을 마무리하지 못한 채 수업을 진행하는 것은 또 다른 갈등 상황을 초래하기도 한다. 방과 후에 따로 남겨 상담을 진행하려고 하면 빨리 학원을 가야 한다든지, 벌써 화해했다면서 급하게 상담을 마무리하는 경우도 많다. 그러다 며칠 후에 또 비슷한 이유로 다투고 묵은 감정까지 꺼내어 서로 상처를 주는 아이들 모습에 교사 마음은 갈기갈기 찢어진다. 그렇다면 교사는 상처를 어떻게 하면 좋을까? 이런 고민을 하고 있던 중 『교사 상처』라는 책을 읽게 되었다. 그 책 내용 중 상처 입은 치유자로서 교사가 인상 깊게 다가왔다.

그리스 신화에 나오는 반인반마 형상을 한 케이론은 어느 날 제자인 헤라클레스가 쏜 화살에 맞았는데, 그 화살에는 맹독인 히드라의 피가 묻어 있어 영원히 상처를 치유할 수 없었다. 케이론은 죽지 않는 신의 몸이기에 늘 그 고통을 안고 살아야 했는데, 상처와 고통을 안은 채 다른 이들을 가르치고 치유하다 결국 그 고통을 이기지 못하고 제우스에게 제발 죽을 수 있도록 해 달라고 간청한다. 제우스는 그의 영생을 화염신인 프로메테우스와 바꾸어 주며 케이론이 죽을 수 있게 했다고 한다.

정신분석학자 칼 융(Karl Jung)은 이 신화를 인용하여 '산다는 것 자체가 상처와 함께하는 일'이라고 말한다. 이를 발전시켜 '상처받은 치유자'라는 학문적 개념을 만들었다. 융은 환자의 상처를 치유하는 과정에서 무의식중 의사 자신의 상처와 상호 작용을 한다고 보았다. 살아오면서 주변 사람들에게서 받은 상처와 아이들의 관계에서 받은 상처로 얼룩진 채로 매일 상처받은 아이들을 대하는 교사도 바로 상처받은 치유자로서 살고 있지는 않을까?

신학자인 헨리 나우웬은 이렇게 말한다.

그러므로 고통을 통해 얻은 상처가 다른 사람을 치유하는 원천으로 이용되는 방법을 사역자가 깊이 이해하지 못한다면, 진정한 사역은 이루어질 수 없을 것입니다.

— 『상처 입은 치유자』, 헨리 나우웬

이 말에서 사역이란 말을 가르침으로, 사역자를 교사로 바꾸어도 자연스레 의미가 전달된다. 그렇다. 결국 교사는 자신의 상처조차 학생을 치유하는 순간과 연결되는 다리 역할을 하고 있음을 깊이 이해해야 한다. 이 책을 읽으며 가장 먼저 든 생각은 '내 상처가 어떻게 타인의 상처를 치유하는 원천이 되며, 더불어 내 상처까지 회복할 수 있을까?'였다.

번뜩 예전 기억 하나가 떠올랐다. 하루는 수업이 끝나고 교실에서 업무를 보고 있는데 우리 반 학부모가 전화를 했다. 당신 아이가 가족이 함께 모으고 있던 저금통에서 돈을 가져가 친구랑 썼다는 것이다. 너무 화가 나고 어이가 없어 아이에게 소리를 지르고 화를 냈다고 했다. 그런데 그렇게 화를 내고 나니 정작 어떻게 가르쳐야 할지 막막하다며 도와 달라고 했다. 나는 마음이 혼란스러울 학부모를 달래고는 아이를 보내 달라 하고 전화를 끊었다.

전화를 끊고 나니 어릴 적 기억이 떠올랐다. 친구와 함께 아이스크림을 먹고 싶어 학교 앞 문구점에서 몰래 가지고 나오다 주인에게 들켜 혼났던 기억 말이다. 그때의 두려움과 불안했던 느낌까지 선명했다. 그 두려움과 불안함이 다시는 남의 물건에 손대지 않게 해 주었다.

조금 뒤, 아이가 내 눈치를 보며 교실로 들어왔다. 아이를 데리고 밖으로 나갔다. 말없이 산책을 하고 운동장 한 구석에 앉았다. 아이에게 그 돈을 가지고 갈 때 기분이 어땠는지 물어보았다. 엄마한테 혼날까 봐 무섭고 두려웠다고 했다. 난 아이의 말을 듣고 내 어릴 적 이야기를 들려주었다.

"선생님도 다른 사람의 물건을 함부로 가져간 적이 있었는데 두렵고 불안한 마음이 아직도 생생하게 남아 있어. 그때 기억 때문에 그 후로는 한 번도 다른 사람의 물건에 손대지 않았어. 누구나 실수를 하면서 배우는 거야. 앞으로 살아가면서 그 느낌을 잘 기억하면 된다. 그러면 두 번 다시는 그런 실수를 하지 않을 거야."라고 이야기해 주었다. 그러고는 아이를 돌려보냈다.

생각해 보니 살아오면서 그 기억이 떠오를 때마다 스스로를 비난하고 부끄러운 존재로 여겼던 것 같다. 그 아이에게 내 이야기를 들려주면서 비로소 마음 한구석에서 다른 사람의 물건을 훔친 나쁜 사람이라는 나를 향한 비난을 거둘 수 있었다. 내 안의 상처를 치유할 수 있었던 것이다. 그 아이도 나와 대화하면서 자신을 비난하는 것에서 조금은 자유로워지지 않았을까.

교사가 가진 상처가 치유의 능력을 발휘한다고 믿는 것은 아니다. 다만 교사가 가진 상처가 아이가 가진 상처 깊숙한 곳의 내면을 들어가 볼 수 있게 하는 열쇠는 될 수 있다. 가져 보지 못한 사람이 가져 보지 못한 사람의 마음을 헤아릴 수 있고, 많이 아파 본 사람이 지금 아픈 사람의 마음을 헤아릴 수 있는 것이다. 이렇듯 다른 사람의 상처를 헤아리기 위해서는 먼저 내 마음의 상처와 대면해야 한다.

나에게 상처가 많다고 주눅이 들거나 위축될 필요는 없다. 그만큼 다른 사람의 상처 입은 마음을 열게 할 수 있는 열쇠를 많이 가진 것이라고 생각하자.

03

아이들의 문제 행동에 대처하는 교사의 자세

'앞으로 1학년은 진짜 못 맡겠다.'

몇 년 전 2년 연속으로 1학년을 맡았는데, 2학기를 시작하고도 한 달이 지날 때까지 하던 혼잣말이다. 그것도 모자라 '담임도 힘드니 차라리 전담을 하며 아이들과 1년을 떨어져 있고 싶다'는 교사로서 심각한 고민에 빠져 있었다.

매일 수없이 이르러 오는 아이, 싸우고 우는 아이, 수업인지 쉬는 시간인지 구분하지 못하고 태권도를 하는 아이, 수업 시간에 소리를 질러 대는 아이 등. 게다가 만들기를 할 때마다 하던 똑같은 질문인 "선생님, 이렇게 하면 돼요?"와 "선생님, 저 못하겠어요." 여기에 나열할 수 없을 만큼 아이들이 나를 힘들게 하던 주제는 무궁무진했다.

2주일에 한 번씩 학부모에게 전하는 학급 이야기에 점점 절망감과

넋두리가 늘어났고, 머릿속으로 아이들을 마구 때리는 상상까지 하는 내 모습을 발견하면서 정말이지 교사 자리를 내놓고 싶었다. 가끔 나도 모르는 학부모에게서 "엄마들이 선생님이 너무 좋은 분이라고 하시던데요."라는 이야기를 들을 때는 정말 쥐구멍에라도 숨고 싶을 정도로 괴로웠다.

아이들을 좀 더 엄하게 대하면 무서워서라도 따라오겠지 하는 생각에 화를 내는 주기는 점점 짧아지고 소리는 커져만 갔다. 하지만 아이들은 쉽사리 제자리로 돌아오지 못했고 나에게서 점점 더 멀어져 가는 듯 느껴졌다. 그런 모습에 죄책감만 늘어나는 악순환이 반복되었다.

문제 행동을 하는 아이들이 미웠다. 아이들이 나를 힘들게 한다는 생각이 떠나지 않았다. 나를 아프게 하는 아이들을 불러서 혼을 냈고 남겨서 문제 행동을 고쳐야 한다고 윽박질렀다. 그렇게 아이를 보내고 나면 내 안에 미움만 가득 찬 것 같아 다시 화가 났다. 누군가를 미워하는 내 모습이 더 미웠다. 내가 아픈 것이 싫어서 아이들의 마음을 수도 없이 아프게 했던 모습이 어렸을 때 싫어하던 선생님이 아이들을 대하던 모습과 닮아 있었다.

그러던 어느 날 교육청에서 실시하는 연수에 참가했다. 각기 다른 학교에서 모인 교사들이 한 모둠이 되어 서로 고민을 이야기하는 시간을 가졌다. 교사끼리 모인 자리라 당연하게도 교사를 힘들게 하는 아이들에 대한 고민이 있었다. 그런데 마지막에 한 교사의 말이 내 안에 있던 미움을 무너뜨렸다. "나는 말을 잘 듣지 않고 제멋대로인 아이들 때문에 힘들다고 생각했는데, 아이들은 맨날 잔소리하고 소리

지르고 제멋대로인 내가 얼마나 밉고 힘들었을까요?" 집으로 돌아오면서 생각했다. 내가 그토록 미워했던 아이는 나 때문에 얼마나 힘들었을까? 그 아이는 내가 얼마나 미웠을까?

나는 어떤 행동은 문제라고 기준을 정해 놓고는 그 기준을 넘어서는 아이가 있으면 그것만 보았다. 그 행동이 우산이 되어 아이가 잘하고 있는 것을 가려 버린 것이다. 그 아이는 어떻게 해야 교실에서 행복하게 지낼 수 있는지 제대로 알지 못했다. 다른 사람의 사랑과 관심을 받는 것이 그 방법이라고 생각했다. 교사인 나는 아이 행동을 문제로만 판단했고 그 아이 행동 이면에 어떤 마음이 있는지 헤아리려고 하지 않았다. 그저 내가 싫어하는 행동을 하는 그 아이를 미워하기만 했다.

교실에서 같이 생활하는 아이들은 어떤 마음이었을까? 평화롭고 자유가 보장된 따스함이 아니라 강하게 행동을 옥죄는 차가움을 느끼지 않았을까? '그 아이처럼 행동하면 자기와 다른 사람도 행복하지 않다'가 아니라 '나도 혼날 수 있다'는 두려움이 교실 전체에 깔려 있었을 것이다.

오늘도 아침 활동 시간에 아이들이 떠든다. 나는 분명히 아침에 오면 가방을 정리하고 책을 꺼내 읽자고 수십 번 이야기했다. 생각 같아서는 1명을 골라 아침 활동 시간에는 떠들지 말고 조용히 책을 보라고 혼내고 싶었지만, 도리어 책을 잘 읽는 아이를 칭찬했다. 그렇게 5명을 칭찬하고 나니 아이들이 조용하다. 물론 1명을 붙잡고 혼내도 조용해지겠지만 1명을 아프게 하는 것보다는 5명을 살리고 조용해지는 것이 훨씬 괜찮은 방법인 것 같다.

04

아이들의 대화법을 읽다

"아이들은 왜 이렇게 이를까?"

저학년 담임을 맡아본 교사라면 이 말에 공감할 것이다. 1학년 담임을 처음 맡은 그해는 매 쉬는 시간마다 아이들이 친구를 이르는 이야기를 들었다. 1학년이니까 처음에는 친절한 초등학교 선생님의 모습을 보여 주어야 한다는 생각에 다 들어 주었다. 그리고 하나하나 관계된 아이를 불러 물어본 후 상황을 파악하고 해결해 주었다. 그러다 보니 쉬는 시간에 이야기를 하기 위해 아이들이 길게 줄을 서는 진풍경이 벌어졌다. 다행히 수업 시간이 되어 아이들을 돌려보내고 간신히 수업을 시작할 수 있었다. 하지만 수업이 끝나고 쉬는 시간이 되면 다시 반복되는 긴 줄 때문에 기력을 소진한 채 일과를 마감하곤 했다. 아이들이 나에게 고자질하는 종류도 다양했다. '누가 누구를 때렸다', '누가 복도에서 뛰어다닌다', '누가 친구에게 나쁜 말을 했다', '친구가 놀이에 안 끼워 준다', '수업 시간에 장난을 친다' 등 저학년 아이들이 가장 많이 하는 말인 "선생님, 이렇게 하는 것이 맞아요?"만큼이나 많다.

아이들에게 왜 그렇게 이르는지 물어보고 싶었다. 하지만 아이들에게서 대답은 기대할 수 없다. 그래서 책을 읽었다. 책에서라도 답을 찾고 싶었다. 대학 시절에 이렇게 공부했다면 성적이 그렇게까지 나쁘지는 않았을 것이리라. 고자질을 자주 하는 아이는 사랑과 인정의 욕구가 강하기 때문이라고 여러 책에서 이야기한다. 요약하면 사랑받고자 하는 욕구가 잘 채워지지 않을 때 아이의 뇌는 신경이 예민해진다. 주변 상황에 신경을 곤두세워 지켜보며 누군가에게 인정받을 만한 건수를 찾으면 바로 달려가 의지할 수 있는 어른에게 이르는 것이다. 나는 그것을 친절하게 다 들어 주고 일일이 그 상황이 해결되었는지 확인한 후 사과해야 할 일은 당사자에게 사과까지 하게 했으니……. 고자질한 아이는 자기가 충분히 인정받는 느낌이 들었을 것이다. 문제는 아이들 이야기를 들어 주는 방법에 있었다. 그런 식으로 들어 주기에 교실에는 고자질할 상황이 너무 많다는 것이다. 무엇보다 교사인 내가 지쳐 갔다.

또 아이가 고자질을 하는 이유는 학교에서 정한 규칙을 자기는 힘들게 지키지만 누군가는 아무 거리낌 없이 어기기 때문이다. 이것은 참기 힘든 고자질의 유혹이 될 수 있다. 친구의 잘못을 고자질함으로써 내 존재를 인정받을 수 있다고 생각하기 때문이다. 사실 이 부분은 고자질이라고 하기에 그것을 이야기한 아이 입장에서는 너무 가혹하다. 교실의 질서 유지와 관련되어 있기 때문이다. 규칙을 어긴 아이들이 있다는 것을 듣고도 교사가 이를 모른 척 넘어간다면 아이들이 교실 규칙을 지켜야 하는 정당성을 잃고 만다. 깨진 유리창의 법칙처럼 말이다.

고자질의 가장 큰 문제는 고자질을 자주 하는 아이들의 친구 관계가 점점 나빠진다는 것이다. 그럴 수밖에 없다. 누군가가 내 실수나 잘못을 선생님에게 일러서 혼나거나 잔소리를 듣게 된다면 그 사람을 좋아할 수 있을까? 예를 들어 이런 식이다. A가 자기를 치고 갔다고 B가 찾아와서 말한다. "A에게 네가 치고 가서 아프니 사과하라고 했는데 자기는 모른대요." 분명히 누군가를 치고 가는 것은 고의든 고의가 아니든 사과를 해야 하는 것이 맞다. 하지만 이런 식의 사과 요구가 난무하면서 친구 관계에 균열이 생긴다. 사과했던 A가 조만간 나를 찾아와서 비슷한 건으로 B의 사과를 요구하는 일이 벌어지는 것이다.

일련의 상황을 겪으며 교사로서 어떻게 해야 할까 고민했다. 아이들에게 상황을 판단하고 분별하는 것을 가르쳐야 했다. 아이들에게 교실에서 일어날 수 있는 상황을 예를 들어서 이야기했다.

"친구가 복도에서 너를 놀려서 잡으려고 뛰어갔어. 그런데 그것을 다른 친구가 일렀어. 그러면 너는 그 친구에게 어떤 감정이 드니?"

"그 친구가 별로 안 좋을 것 같아요. 그래서 같이 안 놀고 싶어질 것 같아요."

다음으로 다른 친구에게 물었다.

"친구의 잘못을 자주 누군가에게 이르면 그 친구는 너에게 안 좋은 감정을 가질 수 있어. 그렇다면 그런 일이 있을 때는 어떻게 하면 좋을까?"

"그냥 넘어가요."

"가끔은 다른 사람의 실수를 이해하고 넘기는 것도 필요하지. 그런데 매번 쉬는 시간에 복도에서 뛰는 친구가 있다면 어떻게 하면 좋을까?"

"선생님한테 이야기해요."

"그렇게 뛰다가 다른 친구를 다치게 할 수 있으니까 선생님한테 이야기해야 해. 그런데 그 전에 그 친구에게 한번 경고를 하면 어떨까? 조심해 달라고 말이야. 너무 심한 것 같다고."

아이들에게 친구가 잘못이나 실수를 했을 때 사과를 요구하기 전에 내가 이해하고 용서하며 넘어갈 수 있는지, 아니면 꼭 사과를 받아야 하는지 구분하는 방법을 가르쳤다. 아이들마다 어느 정도까지 이해하고 용서하며 넘어갈 수 있는지 조금씩 차이는 있었지만, 이해할 수 있는 기준은 비슷했다. 그다음에는 실전이다. 아이들이 또 고자질을 하러 오면 이제는 이렇게 물어본다. "너는 그 상황에서 어떻게 했어?"

그 상황에서 어떻게 했는지 물어보면 차츰 그 상황에서 자기가 어떻게 해야 할지를 고민하게 된다. 하지만 그렇게 못하는 아이들도 분명히 있다. 그런 아이들에게 "선생님이 지난번 가르쳐 주었지? 그런데 왜 그렇게 하지 않았어?"라고 다그칠 필요는 없다. 화를 내면 아이와 내 감정만 상할 뿐이다. 그저 사랑과 인정의 욕구를 좀 더 채워 주어야 하는 아이인 것이다.

05

'나는 싫어'라고 분명하게 말하게 하라

어느 날 아들 둘과 같이 밖에서 캐치볼을 하고 있었다. 한참을 재미있게 캐치볼을 하고 있는데, 아들 친구가 자전거를 타고 지나가다 우리가 야구하는 것을 보더니 멈추어 섰다.

"나도 야구 같이 하면 안 돼?" 하고 물었다. 그 순간 아들 표정을 살폈는데 아무 말도 안 하고 머뭇거렸다. 하기 싫은 눈치였다. 하지만 긍정도 제대로 된 거절도 하지 않고 있는 아들을 보며 며칠 전 일이 생각났다.

나와 집에서 책을 보고 있는데 야구를 하자고 그 아이한테서 연락이 왔다. 아들은 가기 싫었는지 "지금 책 보고 있는데." 하고 말했다. "그래서 야구 안 할 거야? 야구 안 하면 나랑 약속 어기는 거야."라는 그 아이의 화난 목소리가 들렸다. 그 말을 듣고 "그래, 알겠어." 하고 전화를 끊으며 한숨을 내쉬었다. 옆에 있던 내가 물었다.

"그 친구랑 야구하기 싫어?"

아들은 내 말을 듣자마자 참았던 감정이 터졌는지 울면서 말했다.

"학교에서 걔가 계속 괴롭혀서 같이 야구하기 싫단 말이에요."

아들은 선생님한테 혼나서 기분이 나쁘면 자기한테 와서 비키라고 소리 지르고, 놀다가도 쉽게 짜증을 내서 같이 하기 싫다고 했다. 그런데도 같이 야구하지 않겠다고 하면 그 친구 기분이 좋지 않을까 봐 억지로 한다고 했다. 그 일이 생각나서 야구를 같이 하자는 그 친구에게 아빠인 내가 대신 거절했다.

그 아이에게도 자신의 행동 때문에 친구가 속상해 한다는 사실을 알려 주어야 한다고 생각했다. 마냥 피하는 것은 그다지 좋은 방법이 아니며, 그 친구에게도 도움이 되지 않기 때문이다. 그 친구도 마음이 불편했는지 "저도 사실은 같이 하고 싶지 않았어요." 하고 자전거를 타고 가 버렸다. 집으로 돌아오면서 거절하지 못하고 머뭇거리는 아들 모습이 못마땅해서 꾸중을 했다.

"왜 하기 싫은데 아무 말도 하지 않고 그렇게 서 있니? 하기 싫으면 싫다고 말해야지."

"그렇게 말하면 친구가 속상하잖아요."

"하기 싫은데 억지로 하면 너는 마음이 편해? 그러다 싸우거나 속상해지면 왜 걔 부탁을 들어주었을까 하며 후회할 것 아냐."

"……."

나는 그런 아들이 밉다. 나와 너무 닮아서 말이다. 내가 가장 미워하는 내 모습을 닮은 아들이 안쓰러우면서도 너무 밉다. 다른 사람의 부탁을 거절하지 못해서 몇 번이나 피해를 봤음에도 다음에 같은 상황이 생기면 다시 또 반복하는 착한 아이 콤플렉스. 남의 부탁은 거절하지 못하면서 다른 사람에게는 사소한 부탁조차 하지 못하는 나. 아들이 겪을 수많은 갈등 상황이 너무나도 뻔히 보여 속상하다. 속상한 마음이, 나의 단점에 대한 미움이 그것을 닮은 아이에 대한 미움으로 표현된 것은 아닐까?

나는 항상 타인에게 좋은 사람이길 바랐다. 정확히 말하면 좋은 사람이라고 비치길 바랐던 것 같다. 내가 좀 더 손해 보더라도 다른 사람이 좋았으면 되었다고 위로했다. 누군가는 내 희생에 진정으로 감사해 했고, 다른 누군가는 그것을 이용하여 자신의 이익을 탐했다. 좋은 교사, 좋은 아빠, 좋은 남편, 좋은 사람으로 이름 붙인 수많은 말이 점점 나를 옥죄어 왔다. 내가 감당하지 못할 만큼 불어난 좋은 사람이란 거인은 나를 숨 막힐 듯 좁은 구석으로 밀어 넣었다. 나에게만 일어나도 감당하기 힘든 그 거인의 그림자가 내 아들에게도 드리워 있었다. 그 동병상련의 고통은 곧잘 미움으로 변질되어 아들을 못마땅해 했다. 그날 밤 아들 곁에 누워 말했다.

"예담아, 다른 사람이 하기 싫은 부탁을 할 때 거절하기 힘들지?"

"네. 부탁을 들어주고 싶은 친구도 있고 그렇지 않은 친구도 있는데, 부탁을 들어주지 않으면 친구를 따돌리는 것 같아서 불편해요."

"아빠도 그랬어. 물론 지금도 그렇고. 아빠는 예스맨이잖아."

"맞다. 아빠 예스맨이지?"

"아빠도 거절하는 것이 힘들었는데, 이제는 하기 싫을 때는 솔직하게 이야기하려고 해. 하기 싫은데 억지로 하면 행복하지 않잖아. 걔랑 야구하러 갈 때는 즐거워 보이지 않더라."

"네, 즐겁지 않았어요."

"누구에게나 좋은 사람이 될 필요는 없어. 모든 부탁을 거절하지 않고 다 들어주면 다른 사람들이 진짜 네 생각이 어떤지 몰라서 만만하게 보거나 널 멀리하게 될 수도 있거든."

아들이 아빠의 말에 조금 힘을 얻길 바랐다. 사실 나에게도 그러했다. 나에게 하고 싶은 말이기도 했으니까.

다음 날 학교를 마치고 딱지치기를 하러 나간 둘째 아이가 전화를 했다.

"아빠, 형아가 ○○ 형아(어제 그 아이)랑 싸워요."

급히 밖으로 나가며 별의별 생각이 다 들었다. 하지만 가는 길에 집으로 걸어오는 아들을 만났다. 아들은 아빠를 보니 참았던 눈물이 나오는지 애써 억눌렀다. 다행히 치고받고 싸우지는 않았나 보다. 아들에게 무슨 일이냐고 물어보았다.

"걔가 나한테 딱지를 빌려 달라고 하잖아요. 전 주기 싫어서 안 준다고 했어요. 근데 걔가 저한테 욕을 했어요. 그래서 평소에 걔가 나괴롭히고 화풀이하는 것이 속상했다고 소리 질렀어요. 그랬더니 말하는 도중에 지랄한다고 욕을 하고 그냥 갔어요. 저는 아직 할 말이 남았는데 말이죠."

"하고 싶은 말했으니까 됐어. 걔도 이제 네 마음이 어땠는지 알 거야. 이제 전처럼 너를 함부로 대하지는 않을 거야."

아들도 자기가 하고 싶은 말을 해서 속이 시원해졌는지 눈물이 쏙 들어갔다. 아들 이야기를 듣고 나니 나도 마음이 조금 놓였다.

아이들에게 갈등이 생기더라도 거절하는 법을 가르쳐야 한다. 모든 사람에게 좋은 사람이 되는 것은 불가능하다. 그 대신 매 순간 좋은 선택을 하도록 가르치자. 다른 사람에게 피해를 주지 않는다면 자신을 위한 좋은 선택을 하도록 가르치면 어떨까? 때로는 다른 사람이 피해를 본다고 하더라도 자기가 입을 상처가 더 크다고 느낀다면 과감하게 자기를 위한 결단을 하는 것도 필요하다.

그런 학급 분위기를 만드는 데 교사 역할이 크다. 자기 감정을 먼저 살피고 그 감정을 타인에게 분명하게 전달할 수 있도록 꾸준히 지도하는 것이 필요하다. 교실에 있는 학생은 각자가 특별한 사람이 아니라 모두가 귀한 존재이기 때문이다.

06
안전하고 재미있는 놀이는 없다

안전이 무엇보다 중요한 시대, 주변에서 아이들이 노는 모습을 보다 가슴이 철렁 내려앉은 순간이 얼마나 많았던가. 쉬는 시간만 되면 교사의 모든 시선은 아이들에게 향한다. 아이들이 더 안전하게 놀 수 있고 지도 범위를 한정하기 위해 쉬는 시간에 교실에서만 놀게 하는 교사도 많다. 쉬는 시간에 아이들이 다치는 것을 원천 봉쇄하기 위해 자리에 앉아 동영상을 시청하게 하는 교사도 보았다. 학교에서 아이들이 다치는 것에 대한 책임이 오롯이 교사에게 있는 상황이기에 그 교사의 선택을 지지하지는 않지만 이해할 수는 있다. 그런 의미에서 학교라는 공간은 아이들에게 안전한 공간이지만, 뛰어놀고 싶어 하는 아이들 시각에서는 폭력적인 공간이다. 그래서 아이들은 학교에서 탈출하고 싶어 하는지도 모른다.

어른의 안전에 대한 걱정과 아이의 놀고 싶어 하는 열망이 맞물려 만들어진 공간이 키즈 카페라고 생각한다. 키즈 카페가 급속도로 성장하는 것은 안전한 환경에서 아이들이 다양한 체험을 위생적으로 할 수 있기 때문일 것이다. 물론 뉴스를 보면 위생적이지도 안전하지도 않은 키즈 카페도 있지만 말이다. 그리고 아이들이 안전하게 노는 동안 부모도 쉴 수 있도록 직원들이 아이들의 부모 역할을 대신해 주기 때문이다.

모래 놀이, 놀이 기구, 볼풀장, 블록 놀이, 슬라임 등 아이들이 좋아하는 모든 것이 구비된 키즈 카페에서 노는 아이들 모습을 보면 참 즐거워 보인다. 아이들의 만족한 모습에 부모도 만족하며 안심한다. 아이들이 즐거워하며 뛰어다니는 그 공간이 주는 안도감을 위해 부모는 기꺼이 돈을 지불한다. 그러다 아이가 지겨워하면 더 새로운 체험 존을 갖춘 키즈 카페로 옮겨 간다. 그런데 이런 현실을 마주하고 보면 머릿속에 의문이 생긴다. 왜 놀이의 주인공이 되어야 할 아이들이 놀이를 소비하는 객체가 된 것처럼 느껴질까? 어른이 만들어 놓은 체험장에 안전을 담보로 아이들을 놀이로 내몰고 있지는 않을까? 놀이로 내몰고 있다니 너무 과하다고 생각할지 모르겠다.

아이들은 장난감을 사고 싶어 한다. 하지만 정작 장난감을 사 주면 길어야 한 달, 짧으면 일주일도 채 되지 않아 지겨워한다. 사실 그 장난감은 아이들이 가지고 싶어 한 것이 아니다. 아이들이 가지고 싶도록 어른들이 만들어 놓은 이미지일 뿐이다. 아이들에게 장난감을 사 주면서 뭔가 찜찜한 기분이 들지 않았는가? 장난감에 아이를 뺏겨 버린 기분, 이 거대한 장난감 자본에 농락당하는 것에 대한 본능적인 거부감 같은 감정들 말이다.

아파트 엘리베이터 광고판에서 아이 돌보미 서비스를 자주 본다. 맞벌이 부모뿐만 아니라 아빠나 엄마를 대신해서 아이와 실내·외에서 놀아 주는 돌보미 서비스를 홍보하고 있다. 광고 내용을 보면, 돌보미 교사가 아이가 타는 그네를 밀어 주고 줄넘기를 가르쳐 주고 같이 놀이터에서 놀아 준다. 과연 이 아이들은 행복할까 하고 묻는다면 긍정적으로 대답할 수 있을까?

우리는 거의 모든 것이 부모 역할을 대신하고 있는 시대에 살고 있다. 아이에게 가족이란 어떤 의미가 있을까? 부모 대신 아이 돌보미와 안전하게 학교와 학원에 다녀오고, 안전하게 놀이를 소비하고, 안전하게 집으로 돌아온 아이는 과연 감정적으로도 안전한 상태일까? 그들의 대화는 무슨 내용으로 채울 수 있을까? 그들의 가족 관계는 과연 안전할까?

일에 치여 시간이 없거나 온종일 육아에 시달려 피로해서 등 여러 이유가 있겠지만, 명백하게 아이들의 삶에 대한 고민이 없는 것이다. 놀이운동가 편해문은 "아이들은 다치지 않으면 아무것도 배울 수 없다."라고 말한다. 다치면서 위험을 알고 그 적정선을 스스로 찾도록 해야 한다는 의미일 것이다.

교사이자 아빠로서 부모에게 시간이 있다면 아이들에게 충분히 놀 시간을 준 후 아이들이 노는 곳 근처에서 같이 놀라고 권하고 싶다. 놀다 보면 안다. 아이와 재미있게 놀수록 근처에서 놀던 아이들이 하나둘씩 모여들어 같이 하자는 눈빛을 보낸다. 그렇게 조금 놀다 살며시 놀이에서 빠져나오자. 아이들과 몇 번 그렇게 하면 금방 놀이 친구가 생긴다. 그렇게 놀이 친구가 생기면 학교 끝나고 자기네끼리 약속을 정해서 모여 논다. 산책할 겸 가끔 나가서 보면 즐겁게 놀고 있는 모습에 내가 낄 틈이 없어 서운할 정도다. 아이들끼리 놀면 다치지 않을까 걱정하는데, 자신 있게 아니라고는 못하겠다. 가끔은 넘어져서 까이고 찢기고 피도 나고 한다. 분명한 것은 다음부터는 조심한다는 것이다. 부모는 심하게 다치지만 않길 바라며 주의를 줄 뿐이다.

맞벌이를 하고 대체로 귀가가 늦은 부모라면 다양한 방법을 고민해야 한다. 결정 과정에서 아이 의견을 물어보아야 한다. 그리고 시간이 날 때마다 아이와 함께하는 시간을 가져야 한다. 아이가 스스로 놀이 시간을 정하고 충분히 놀 수 있어야 아이 나름대로 시간 계획을 세울 수 있다. 아이는 부모가 "오늘은 무엇을 하고 놀았어?"라고 묻는 것과 "오늘 무엇을 공부했어?"라고 묻는 것 중에서 어떤 질문에 더 많은 대화를 이어 갈까? 그런 의미로 괴테의 이 명언은 부모인 우리에게 여전히 유효하다.

배는 항구에 정박해 있을 때 가장 안전하다. 그러나 그것이 배의 존재 이유는 아니다.

07
아이들의 다툼은 자연스럽다

인간이 공동체 생활을 하며 필연적으로 겪어야 하는 것이 있다면 바로 갈등이다. 어른도 직장 생활에서 자기와 성격, 일하는 방식 등이 달라 빈번하게 갈등을 겪는데, 하물며 아이들은 어떻겠는가? 그런데 문제는 갈등이 다툼으로 번지는 상황이 많다는 것이다. 이 부분이 교사를 힘들게 한다.

아이들의 다툼은 갈등 때문에 일어난다. 갈등이란 무엇일까? 사전적 의미는 '둘 이상의 사람들이 어떤 것에 동의하지 않고, 다르고 상충한 의견을 가진 상황'이다. 쉽게 말해 서로 생각이 다르니까 다툼이 생긴다는 것이다.

여기에서 생각해 볼 것이 있다. 생각이 다르면 다 다투게 될까? 당연히 그렇지 않다. 생각이 다르다고 다툼이 생긴다면 어른들도 조직

생활을 하면서 시도 때도 없이 싸울 것이다. 어른은 좀 더 세련된 방법으로 갈등 수위를 조절하지만 아이들은 세련된 방법을 고민하기보다는 감정이 앞서 말이나 몸이 먼저 반응한다는 차이가 있다.

하루에도 몇 번씩 아이들의 다툼을 중재하다 보면 교사도 지친다. 매번 비슷한 일로 다툼이 일어나면, 교사도 기계적으로 아이들에게 같은 말을 반복할 수밖에 없다. 그 말을 듣는 아이들은 '내가 지난번과 비슷한 잘못을 했으니 선생님께서 저렇게 말씀하시는 것이 당연하지'라기보다는 '선생님이 또 잔소리한다'고 생각할 것이다. 이런 방법으로는 아이 마음도 잃고 다툰 후 불편한 마음도 해소할 수 없다. 그렇다면 갈등에서 다툼으로 변질되는 것을 막을 세련된 방법은 없을까?

원론적인 방법은 있다. 서로의 생각과 성격이 다름을 인정하고 갈등이 일어났을 때 의사소통하는 방법을 가르쳐 실제 생활에 적용하도록 하는 것이다. 하지만 교사가 가르쳐 준 방법대로 지켜서 갈등을 해결하는 경우는 별로 없다. 교사는 이것을 인정해야 한다. 이 부분을 인정하지 않으면 결국 교사의 감정만 상한다. '왜 이 아이는 계속 날 힘들게 할까?'로 교사의 분노가 아이에게 전이되면 아이와 감정싸움만 하다가 결국은 강제로 사과를 시키고 만다.

아이들이 교사가 가르쳐 준 방법을 잘 따르지 않는다는 것을 인정하더라도 달라지는 것은 아무것도 없다. 교사가 그 부분을 인정하고 나면 마음이 달라진다. 우선 좋지 않은 감정으로 상담을 시작하지 않을 수 있다. 아이들의 반복되는 잘못에 교사가 답답해 하고 감정이 상해 버리면 다툼을 중재하기보다는 감정적으로 대하게 된다. 하지만 내가 가르쳐 준 방법대로 아이들이 잘하지 않는다는 것을 인정하면 처음부터 감정이 상한 상태로 대하지 않게 된다.

그것이 상담의 시작이다. 교사가 기분이 상한 상태로 상담을 시작하지 않는 것. 당사자를 불러 사실 관계를 묻고 서로에게 잘못한 부분이 있는지 확인하는 과정은 그다음이다. 그리고 상대방에게 바라는 점과 어떻게 도와주면 좋을지 이야기하면서 상담을 마치면 교사도 아이도 크게 마음 상하지 않고 문제를 해결한 기분이 든다.

하지만 모든 상담이 그렇게 정리되지는 않는다. 교사 앞에서는 감정이 격해져서 울먹이느라 말을 잘 못하는 아이, 자기가 겪은 상황을 조리 있게 말하지 못하는 아이, 너무 화가 나서 입을 닫은 아이 등 상담을 시작하기 힘들 때도 있다. 이때는 상황을 적게 한다. 나름의 양식을 만들어 구비해 두었다가 상담이 힘든 상황일 때 당사자에게 나누어 주고는 최대한 자세히 쓰게 한 후 서로 쓴 글을 바꾸어서 읽게 한다.

글을 쓰는 동안 어느 정도 감정이 누그러져 훨씬 상담하기가 편하다. 당사자들도 서로가 쓴 글을 바꾸어 읽으며 생각이 다르다는 것을 이해하고, 마지막에 쓴 사과의 글에 마음이 풀리기도 한다. 서로의 생각 알기 양식은 다음과 같다.

서로의 생각 알기

( )학년( )반 ( )번 이름 ( )

언제	20 년 월 일
친구와 어떤 일이 있었는지 사실 그대로 써주세요. (자세하게 쓰기)	
그 일로 나는 어떤 기분이었는지 쓰세요.	
친구에게 내가 잘못한 행동이 있나요? 있다면 내가 잘못한 부분을 써주세요.	
내가 그 행동을 했을 때 친구는 어떤 기분이었을지 쓰세요.	
다음에 오늘과 같이 친구와 다툼이 생기면 어떻게 해야 서로가 상처받지 않고 지낼 수 있을까요?	
지금 친구에게 해주고 싶은 말은?	

아이들과 학급 규칙을 정하고 공동체 생활을 하다 보면 갈등은 자연스러운 것이다. 그러나 갈등이 다툼으로 괴롭힘으로 번지지 않도록 하려면 역설적으로 공동체의 도움이 필요함을 지도해야 한다. 올베우스의 4대 규칙은 바로 공동체에서 방관자를 방관하는 것에서 그치지 않고 적극적으로 피해자 위치에 서게 하는 것이 목표다. 보통 폭력이나 괴롭힘이 일어나는 상황에는 가해자와 피해자, 방관자 집단이 있다. 방관자가 아무런 행위 없이 그저 구경하는 것은 오히려 가해자에게 힘을 실어 주는 효과를 낳는다. 하지만 방관자가 소극적으로는 교사에게 알리고, 적극적으로는 가해자 행위를 말리고 피해자를 보호하는 쪽으로 움직인다면 교실에서 쉽게 폭력이 일어나지 않는다. 교사는 그 방관자 행위에 적극적인 지지를 보여야 한다.

노르웨이에서는 1982년 10~14세 청소년 3명이 집단 괴롭힘의 결과로 잇따라 자살한 사건이 일어났습니다. 이 사건을 계기로 학교폭력을 없애기 위한 '괴롭힘 근절 실천 운동(Manifesto AgainstBullying)' 캠페인을 전국에서 벌였다고 합니다. 베르겐대학의 심리학자 댄 올베우스(Dan Olweus)가 개발한 이 프로그램을 학생 2,500여 명을 대상으로 실시한 결과 2년 사이 학교폭력 사건이 50% 이상 감소하였고, 이후 영국, 독일, 미국 등으로 프로그램이 확산되면서 역시 큰 효과를 보였습니다. 올베우스 교수가 개발한 획기적인 이 프로그램은 어떤 것일까요?
저는 교실 중앙에 올베우스 4대 규칙을 게시하고, 하루에 규칙을 하나씩 알아보며 서로 이야기 나누고 있습니다. 예를 들어 첫째 날에는 '우리는 다른 친구를 괴롭히지 않을 것이다'는 규칙을 제시하고 '장난'과 '괴롭힘'은 어떻게 다른지 알아봅니다. 학교폭력의 가해자들은 대개 '장난'이었다고 핑계를 댑니다. 하지만 '장난'과 '괴롭힘'의 차이는 괴롭힘 당한 피해자가 정하는 것입니다. 이 차이를 극명하게 깨닫도록 도와주어야 합니다.

셋째 날은 '우리는 혼자 있는 친구들과 함께할 것이다' 규칙에 대해 함께 이야기 나눕니다. 따돌림 문제에서 대부분의 사람들은 다수를 차지하는 따돌리는 세력의 입장에서 따돌림 당하는 사람에게 문제가 있다고 편견을 가지기 쉽습니다. 불쌍하기는 하지만 '무슨 문제가 있기에 사람들이 저리 싫어하겠지'라고 쉽게 생각합니다. 학기 초 '너랑 안 놀아 하고 말하지 않기'라는 규칙을 아이들이 함께 지킬 수 있도록 꼭 혼자 있는 친구들과 함께하려면 어떻게 할 것인지 이야기를 나누어야 합니다.

− 교육부 행복한교육: 학급운영노트 허승환 선생님의 글 중에서 발췌

(https://happyedu.moe.go.kr/happy/bbs/selectHappyArticle.do?nttId=7875&bbsId=BBSMS

TR_000000000206)

올베우스의 평화로운 공동체를 만드는 4대 규칙은 다음과 같다.

규칙 1	우리는 다른 친구를 괴롭히지 않을 것이다.
규칙 2	우리는 괴롭힘을 당하는 친구를 도울 것이다.
규칙 3	우리는 혼자 있는 친구들과 함께할 것이다.
규칙 4	누군가가 괴롭힘을 당한다는 것을 알게 된다면 우리는 학교나 집 안의 어른들에게 이야기할 것이다.

교실에서 학생들의 갈등 상황이 다툼으로 번지고 감정의 골이 깊어지기 전에 교사에게 도움을 요청할 수 있는 분위기를 형성하는 것이 중요하다. 담임 선생님에게 이야기해도 크게 달라지는 것이 없다고 느낄 때, 마음을 헤아려 주기보다는 문제 행동에 대해 다그치기만할 때 아이들은 입을 닫는다. 쉬는 시간, 점심시간에 아이들이 어울려노는 모습을 꾸준히 관찰하며 친구 간에 관계가 왜곡되어 있는 부분은 없는지 확인하는 노력이 중요하다. 담임 선생님이 그 부분을 신경써서 지도하고 있으며, 친구 관계에서 문제가 생겨 힘들 때 도움을 요청하면 언제든지 도와줄 수 있다는 확신을 주어야 한다. 그 확신이 곧공동체를 바로 세우는 기본 약속이다.

08

예의 없는 것들?

나에게는 특별하지는 않지만 분명한 인사 철학이 있다. 나는 학생보다 먼저 인사를 하지 않으면 왠지 진 것 같은 기분이 든다. 그래서 항상 학생을 만나자마자 최대한 공손히 인사한다. 눈을 맞추고 고개를 숙이는 것은 당연하다. 인사에 한해서는 교사 권위를 내려놓았다.

학생들에게 질 수 없다는 굳은 신념으로 인사를 하면 보통 아이들은 같이 인사한다. 가끔 수다를 떠는 아이들은 내 인사를 받지 못하고 지나갈 때도 있다. 그래도 괜찮다. 내가 먼저 인사했기 때문이다. 내가 이겼다. 하지만 문제는 다른 데 있다. 내가 인사를 먼저 했음에도 무시하는 친구들이 종종 있다. 이것은 분명히 내가 이긴 게임임에도 왠지 찜찜한 기분이 든다. 이런 경우 바쁘면 그냥 지나치지만 바쁘지 않으면 오기가 생겨 한 번 더 한다.

A는 내 인사를 무시하던 친구 중 1명이었다. A는 3학년이라 같은 층에 교실이 있어 자주 만났는데, 내 인사를 쑥스러워 하는 듯했다. 우리 학교 인사법은 이렇다. 우리 학교 인사는 "안녕하세요."가 아닌 "해밀입니다."이다. 학교 이름을 본 딴 인사법이다. 첫 번째 만남에서는 당연히 내가 먼저 인사했다.

"해밀입니다."

하지만 A는 나를 쓱 보고는 그냥 지나갔다.

두 번째 만남에서는 도발을 했다. "해밀입니다." 하고 말하고는 그 아이의 머리를 쓰다듬었다.

A는 그 작전에 조금 당황한 기색을 보였다. 나를 보더니 고개를 끄덕하고 지나갔다. 그다음부터 A를 만날 때면 나는 항상 머리를 쓰다듬으며 인사했고, 두 번 정도 A를 만났을 때 변화가 생겼다.

평소처럼 "해밀입니다." 하며 머리를 쓰다듬었다. 그러자 처음으로 그 아이가 나에게 인사를 했다. "선생님, 해밀입니다." 그 후로 1년이 지날 즈음에는 나에게 안기기 시작했다. 지금은 얼굴을 볼 때마다 서로를 안아 준다.

A와 인사 눈치 전쟁을 치르면서 A를 이겼다기보다는 A에게 사랑받고 있다는 감정이 생겼다. 나는 A에게 먼저 인사한 것밖에 없지만 A는 나에게 더 큰 것을 주었다. 나는 그 아이 이름이 문득 궁금했다. 이름을 몰랐어도 그 아이는 나에게 하나의 의미가 되었지만, 이름을 불러 주면 나에게로 와서 꽃이 될지도 모른다.

예의는 무엇일까? 예의가 상실된 시대에 살고 있다고 사람들은 말한다. 학생이 교사에게 욕하는 것은 물론 폭력을 행사하는 모습을 뉴스에서 종종 볼 수 있다. 그런데 한 가지 생각해 보아야 할 것은 '우리는 아이들을 어떻게 대하고 있는가?'이다. 교사 권위를 내세우며 먼저 인사하지 않는 아이들에게 예의가 없다고 탓하지는 않았는가. 버릇없이 말하는 아이에게 똑같이 대하며 어른의 탈을 쓴 어린아이의 모습을 보이지는 않았는지 고민해 보아야 한다.

나는 아이들에게 예의란 상대방을 존중하는 마음을 표현하는 것이라고 가르친다. 무엇을 바라고 존중하는 행위는 그 목적을 상실하고 만다. 예의는 상대방을 존중하는 것에 목적이 있기 때문이다. 상대방을 존중함으로써 얻는 좋은 감정은 사실 값없이 받는 덤이다.

교사는 아이들과 생활하며 많은 상황과 마주한다. 그 상황은 관점에 따라 때로는 문제 상황으로, 때로는 성장하는 과정으로 보이기도 한다. 하지만 그 상황에서 생각해야 할 가장 중요한 점은 어른은 아이들이 함께 성장할 수 있도록 돕는 존재라는 것이다. 학교라는 공간은 그래야 한다.

점점 더 각박해지는 사회 구조 속에서 공동체 가치가 흐릿해지는 세대를 지나며 아이들은 기댈 곳이 필요하다. 아이들은 그 요구를 여러 행동으로 보여 준다. 교사는 행동만으로 아이를 판단하는 것을 가장 경계해야 한다. 그 행동으로 아이가 무엇을 말하고 싶은지 보아야 한다. 시간을 두고 생각하면, 아이들의 행동 스펙트럼은 결국 사랑과 관심으로 수렴된다.

아이들도 가정과 학교에서 예의를 배워서 잘 안다. 문제는 예의를 삶에서 보여 주는 주변 사람을 만나지 못하면 머릿속에 예의라는 이미지만 존재할 뿐이라는 것이다. 예의란 것이 인간에 대한 존중의 표현이 아니라 상하 관계, 감정 상태에 따라 생략해도 되는 겉치레라는 것을 실제 생활에서 경험한다면 과연 얼마나 예의를 지키려고 할까? 그래서 삶에서 예의라는 실체를 보여 주는 모델이 필요하다.

교사인 나는 가끔 두렵다. 내 잘못된 선택으로 아이들의 배움 기회를 빼앗을까 두렵다. 아이들에게서 예의 없는 모습이 보일 때 혹시 내가 아이들에게 그런 모습을 보여 준 것은 아닌지 생각한다. 그래서 담임인 나를 통해, 부모를 통해 어떤 모습이 아이들에게 전해지는지 항상 되돌아보아야 한다. 무섭고 두려워서 따르는 어른이 아니라 그의 삶이 정말 멋있어서 따르고 싶도록 나부터 가르치고 싶은 것을 실천하는 삶을 살아야겠다고 다짐한다.

09

교사는 학생과 끊임없이 상호 작용한다

교사는 아이들에게 어떤 존재여야 할까? 친구 같은 교사는 어떨까? 앞서 이야기했듯이 친구 같은 교사는 없다. 좋은 교사처럼 보이지만 예전 드라마 속 명대사처럼 학생은 학생이고 교사는 어쩔 수 없는 교사다. 학생은 학생으로서 삶을 살고, 교사는 교사에게 주어진 교사로서 역할을 수행하는 것이 학교가 존재하는 이유가 아닐까? 교사는 학생과 친구처럼 지내서는 안 된다. 교사가 수업 시간과 쉬는 시간을 구분하지 못하고 학생과 농담을 주고받고, 축구를 좋아한다고 점심시간마다 축구만 한다면 과연 교사 역할을 다하고 있는 것일까? 몇몇 아이들은 정말 좋은 교사로 기억하겠지만, 나머지 아이들에게는 그저 나와는 상관없고 친하지 않은 친구처럼 느껴질 것이다.

그렇다면 교실에서 일어나는 모든 상황을 통제하려는 교사는 어떨까? 아이들과 민주적인 소통 없이 수많은 규칙을 만들고, 그 규칙에서 아이들이 벗어나지 않도록 훈육하고 보상하는 교사는 냉정하다. 그리고 냉정할 수밖에 없다. 교실 질서를 우선시해야 하니까 말이다. 아이들이 그 규칙을 잘 따른다면 겉모습은 평온해 보일지 몰라도 아이들의 자존감은 낮아질 수 있다.

누군가에게 인정받고자 규칙을 따르는 삶은 수동적일 수밖에 없다. 더 큰 문제는 그 규칙을 철저히 무시하는 아이들이 등장했을 때다. 그 아이들은 교사가 만든 규칙에 반기를 들며 아이들의 영웅이 되고 싶어 한다. 교사와 갈등은 필연적이며, 행여나 반기를 든 아이들이 친구들에게 인정이라도 받으면 교실 붕괴는 불 보듯 뻔하다.

정신분석학자 에릭 에릭슨은 인간의 성격은 여덟 단계를 거쳐 발전한다고 보았다. 인간은 성장 과정에서 연령대에 따른 과업을 행하고 좌절을 맛보고 갈등을 겪으면서 성격을 형성하는데, 이런 좌절과 갈등은 진화와 변화를 하는 데 필요한 과정이라고 보았다. 에릭슨에 따르면 초등학생부터 고등학생에 해당하는 청소년기에는 근면성과 정체성이 발달한다고 한다.

근면성 단계에서 아동은 처음으로 학교에 다니는 불편한 상황에서도 자기 나름의 노력을 다하는데, 그 상황에서 충분한 인정과 관심을 받지 못하면 스스로 무능하며 열등하다고 느낄 수 있다고 한다. 이때 교사라는 존재가 아이들에게 미치는 영향은 상당하다. 교사의 말 한마디, 표정 하나가 평생 지워지지 않는 상처로 남을 수도 있고, 힘들 때 떠올리며 위로를 얻게 할 수도 있다.

정체성 단계는 청소년기에 해당하는데, 이때는 내가 속한 사회 집단에서 어떤 역할을 맡고 있으며 어떤 일을 하며 어떻게 살아야 하는지 고민하는 시기다. 가장 가까운 관계를 맺고 있는 어른이나 친구 중 롤모델을 정하는데, 보통은 어른인 부모나 교사가 많다. 물론 연예인도 롤모델이 될 수 있다고 말할 수 있으나, 연예인은 그냥 우상이다.

이 시기에는 어렸을 적부터 배우는 가치에 대해 이상주의적으로 접근한다. 어른에게서 이 가치를 배웠으니까 어른들도 가르친 대로 살고 있으리라 막연하게 기대한다. 하지만 그렇게 살지 못하는 어른이 더 많기에 실망하고 좌절하며 비판적으로 바라보는 것이다.

흔히 사춘기라고 이야기한다. 어른들에게는 아이들이 반항하는 시기고, 아이들에게는 어른의 통제와 구속이 답답한 시기다. 보통 그 시기의 아이들은 자기를 돌아보는 마음은 아직 발달하지 않은 데 비해 어른의 행위에 대한 기준은 명확해서 몇몇 어른들의 모범적이지 못한 행위를 보고 어른들은 다 똑같다며 싸잡아 비난한다. 또는 어른의 안 좋은 모습을 보고 '어른들도 그렇게 사는데 왜 우리는 못 하게 해?' 하는 식의 왜곡된 인식을 가질 수도 있다. 이런 발달 과정을 거치고 있는 아이들에게 교사는 그들이 가장 자주 마주치고 주의 깊게 보는 어른이기도 하다.

그렇다면 교사는 교실에서 어떤 존재여야 하는가? 교사는 반성적 실천가라는 말을 자주 한다. 교육에서 '반성적'이라는 용어는 존 듀이가 개념을 정립했다고 할 수 있다. 그의 논문에는 다음 글이 있다.

사고 혹은 반성(thought or reflection)이란 우리가 하고자 하는 것과 그 결과로 일어나는 것 사이의 관련성을 인식하는 것이다. 경험이 의미를 갖기 위해서는 사고가 개입해야 한다. 우리가 행동과 그에 따른 결과 사이에 존재하는 세밀한 관련성을 발견하면 시행착오 속에 내재된 사고가 표면화된다. 이런 사고의 양이 증가하면 경험의 질이 변화하고, 경험에 있어 이 변화는 매우 중요하며 우리는 이런 종류의 경험을 반성적(reflective)이라고 한다.

– Dewey, 1916, p.151

도널드 숀은 인간이 삶에서 겪는 불확실성과 여러 시행착오에 대처하는 반성과 실천이 더 나은 배움으로 이끈다고 말한다. 교사는 매년 새로운 아이들과 만나며 새로운 갈등을 경험하고 중재한다. 그리고 개정 교육 과정이란 이름으로 시대 흐름에 맞추어서 빠르게 바뀌는 교육 과정을 교수 활동에 적용해야 한다. 교육 환경의 급격한 변화는 결과적으로 반성적 실천가를 요구한다. 학내 교사 동아리 및 전문적 학습공동체를 활성화하고 집단 지성을 강조하는 것도 교육 활동 과정을 성찰하여 새로운 발걸음을 내딛기 위함이다.

교사는 학생과 끊임없이 상호 작용하며 그 속에서 겪는 여러 시행착오와 갈등을 경험함으로써 수업 활동 또는 관계의 질을 긍정적으로 변화시킬 주체자가 되어야 한다. 교사의 성장 계기는 교실에서 자신의 실천에 대한 반성과 비평, 학교 내부의 연구회, 그리고 교사 간 비형식적인 실천 교류다. 아이들은 교사가 반성적 실천가로 살아가는 모습을 먹고 자랄 것이다.

| 교육 철학 톡! Talk? |

학부모 알림장 3
교사의 교육 방침을 공유하다

평소에 담임 선생님이 교육 철학을 공유해서 학부모가 그것을 충분히 알고 있다면, 담임 선생님이 진행하는 교육 활동에 대해 학부모는 맥락을 가지고 볼 수 있게 된다. 담임 선생님이 어떤 방식으로 아이들을 교육하는지, 아이들을 어떻게 바라보는지 학부모가 알아 두면 서로 오해할 일은 생기지 않는다.

학부모 상담 주간이어서 많은 분이 상담을 신청해 주셔서 만나 뵙고 상담을 진행했습니다. 사실 상담은 교사뿐만 아니라 학부모님께도 정말 힘든 일입니다. 누군가의 말을 온전히 듣고 아이를 이해하기 위한 적절한 해답을 찾아가는 과정은 실로 참 많은 에너지를 쓰게 되는 일이기 때문입니다. 상담이라는 것은 나의 이야기를 하는 것이 아니라 내가 아닌 다른 대상을 이야기해야 하는 것이기 때문입니다.

상담을 할 때 가장 중요하게 생각한 것은 아이의 행동에 대한 이유입니다. 대화를 하며 이유를 찾아가고 그 이유가 그 아이에게 불필요하다면 줄여 가는 것, 그 이유가 아이를 성장하게 하는 것이라면 계속 유지하도록 하는 것이 핵심입니다. 아이 행동의 피상적인 면만 판단하는 것을 가장 경계해야 합니다.

상담을 하며 학부모님들의 이야기 속에서 많은 고민을 봅니다. 가장 큰 고민은 친구 관계입니다. 아이들도 마찬가지입니다. 이 조그만 아이들의 머릿속에서 하루에도 수없이 고민하게 하는 것이 친구 관계입니다. 특히 여자아이의 경우에는 남자아이들의 관계보다 100배는 더 복잡합니다. 아이들은 친구가 전부입니다. 친구의 말 한마디에 상처받고 수없이 관계를 다시 고민하며 부모님에게 간신히 털어놓습니다. 아이의 말을 들으면 부모의 마음은 더 복잡해집니다. 아이의 말을 듣고 그려지는 상황은 더 심각해 보입니다. 그런 부모의 마음이 상담하는 내내 느껴졌습니다.

어떻게 하면 좋을까요? 제가 아이들의 관계를 가장 가까이서 보는 입장이라 아이에게 들은 내용을 저에게 말씀해 주시기 부탁 드립니다. 더 집중해서 그 아이들의 행동과 모습을 관찰하고 관계가 왜곡되어 있지는 않은지 상황을 파악해서 어떻게 지도하면 좋을지 부모님과 상담 후 진행하면 좋겠습니다.

아이들의 친구 관계에서 부모가 할 수 있는 것은 사실 별로 없습니다. 억지로 관계를 맺어 줄 수도, 일부러 관계를 떼어 놓을 수도 없습니다. 부모가 할 수 있는 것은 아이가 상처받지 않도록 보듬어 주는 것, 아이가 자신을 먼저 사랑하는 사람이 되도록 존중해 주는 어른의 모습을 보여 줄 뿐입니다. 자기 자신을 사랑하지 않는 사람이 어찌 타인의 사랑을 받을 수 있을까요? 자신의 감정을 돌아보고 치유해야 다른 사람의 감정도 보이는 법입니다. 모두에게 좋은 사람이 되기보다 나와 타인이 행복할 수 있는 방법을 고민하고 좋은 선택을 하도록 가르쳐야 하겠습니다.

수학을 몇몇 아이들이 어려워했습니다. 두 자릿수 곱셈을 하는 과정은 상당히 복잡한 구조를 가지고 있습니다. 아이들에 따라 구조화를 잘하고 암기를 잘하는 아이들은 잘 터득하는 경우도 많지만, 선행 학습을 하지 않는 경우에는 곱셈의 알고리즘을 이해하는 데 상당히 많은 시간이 필요합니다. 그것이 당연합니다. 급하게 생각하지 마시기 바랍니다. 하지만 곱셈의 원리를 배우고 이해한 후 연산을 해결하는 연습을 하며 알고리즘을 익힌 아이들의 다음 단계는 빠르게 향상되며, 선행 학습을 한 아이와 차이가 없음을 꾸준히 학교에서 임상적으로 경험하고 있습니다. 그 과정이 조금 힘들다고 단계(선 이해, 후 연산 연습)를 뛰어넘거나 복습을 게을리하면 안 됩니다. 아이들과 수학 곱셈을 배우고 어려운 문제들도 풀어 보았는데 이제 곧 잘 해결합니다. 가장 중요한 것은 배운 내용을 스스로 복습하며 확인해 보는 과정입니다. 그래서 수학을 배운 날은 항상 수익 숙제를 내줍니다. 매일매일 조금씩 하는 것이 좋겠습니다.

– 2019.9.20. 학부모 알림장에서 발췌

아이들이 자주 저에게 와서 상담 요청을 합니다. 가만히 들어 보면 친구와의 갈등에 관한 것이 대부분입니다. 그런데 아이들과 상담을 하며 한 가지 마음에 걸리는 부분이 있습니다. 좋은 친구 관계의 유지와 사과를 받고자 하는 마음이 충돌하는 것이지요.

보통 상담의 내용은 "누군가가 자기를 속상하게 해서 사과를 해 달라고 요구했는데 하지 않는다."입니다. 관계된 아이를 불러 이야기해 보면 예전의 일이 복잡하게 얽혀 있어 해결되지 않고 남아 있는 감정 때문에 오해가 생기거나 "그렇게 말한다면 그 아이도 이 부분에 대해서 사과해야 하지 않느냐?"는 문제가 남습니다.

예를 들어 A가 자기를 치고 갔다고 B가 저를 찾아와서 이야기합니다. B가 하는 말이 "A에게 가서 네가 나를 치고 가서 아프니 사과하라고 했는데 자기는 모르겠다고 해요." 이런 식입니다. 분명히 누군가를 치고 가는 것은 고의든 고의가 아니든 사과를 해야 하는 것은 맞습니다. 하지만 이런 식의 사과 요구가 난무하게 되면서 친구 관계에

균열이 생기고 있음이 느껴졌습니다. 사과를 했던 A가 조만간 다시 와서 비슷한 것으로 B의 사과를 요구하는 식이지요. 그런 이유로 아이들에게 이야기했습니다.

"사과를 요구하기 전에 이것에 대해 내가 이해하고 용서하며 넘어갈 수 있는 문제인지, 아니면 꼭 사과를 받아야 하는 문제인지 구분하는 것이 좋겠다. 사소한 것에 사과를 하라고 요구하는 것은 친구가 너희에게 안 좋은 감정을 가지게 할 수 있어."

우리는 대부분의 상황에서 친절이 폭력보다 문제를 더 쉽게 해결할 수 있다는 것을 격한 감정에 사로잡힐 때면 잊고 맙니다. 아이들도 마찬가지입니다. 내 감정과 다른 사람의 감정까지도 헤아릴 수 있게 하기 위해 부모, 교사가 가르쳐야 한다고 생각할 수 있습니다. 하지만 경험상 다툰 아이들을 불러 "그렇게 했을 때 너라면 어떤 기분이었는지" 물어보면 아이들도 다 알고 있습니다. 하지만 이내 같은 행동을 반복합니다. 아이들에게 실망할 수밖에 없는 것일까요?

아이들은 주변의 모든 상황에 노출됩니다. 아이들은 상황을 통해 배웁니다. 내가 이 행동을 했을 때 어떤 문제가 생겼는지 하는 상황이 누적되면 점차 같은 실수를 줄여 가는 것입니다. 그 이후에 어른들의 도움이 필요합니다. 문제 행동을 한 아이를 다그치면 마음의 문을 닫습니다. 그 상황으로 배우는 기회를 상실하게 됩니다. 아이는 그 행동을 한 후 마음이 편했을까요? 어른은 상황을 객관화하여 아이가 다시 그 상황과 직면하게 도와주고 어떻게 하면 속상하고 불편한 감정에서 벗어날 수 있을지 알도록 조언하는 것입니다. 실망할 필요도 없고 걱정할 필요도 없습니다. 그래서 아이에게는 "괜찮아, 그러면서 크는 거야."란 말이 어울립니다.

아이들이 행복했으면 좋겠습니다.

— 2019.11.8. 학부모 알림장에서 발췌

학부모 알림장 4
교사의 교육 활동을 기록하자

존재했던 것을 기록하지 않으면 언젠가는 존재하지 않은 것이 된다. 아이들과 그 계절에는 무엇을 했고 그 활동을 하며 어떤 고민을 했는지, 무엇이 어려웠는지, 잘된 점은 무엇인지 기록하지 않으면 매년 할 때마다 새롭고 같은 문제를 다시 반복하게 된다. 다음에 교육 활동을 할 때 참고할 수 있도록 기록해서 기억하자.

『만복이네 떡집』 온 책 읽기를 마무리하며

"만복이가 친구 관계가 좋아진 이유가 무엇일까?" 하고 물었습니다.
"찹쌀떡을 먹고 나쁜 말을 하지 않은 것이요?" 하고 대답이 나옵니다.
"그럼 나쁜 말이 뭘까?"

"욕이요.", "뒷소리요.", "화(짜증)내는 말이요."

그런 말을 하는 가장 큰 이유는 오로지 내 감정에만 집중하기 때문이라고 이야기했습니다. 뒷소리를 하면 안 좋은 이유는 어떤 사람에 대해 잘 모르는 사람이 뒷소리하는 사람의 말을 듣고 잘 알지 못하는 사람을 지레짐작하고 판단하게 되는 것이라고 했습니다. 또 뒷소리를 잘 하는 사람은 내가 없을 때 다른 사람에게 내 뒷소리를 할 수도 있으니 경계해야 한다고 이야기했습니다. 그리하여 속상한 일이 있으면 선생님과 상담하면 좋겠다고 했습니다. 다음 시간부터 몇몇 아이들이 제게 상담을 신청했고 또 제가 교실에서 관찰하고 상담을 한 아이들도 있습니다. 어쩌면 아이들은 자기 이야기를 털어놓을 사람이 필요한 것인지도 모르겠습니다.

상담을 하다 보니 친구라는 개념을 내 편 혹은 내 소유라고 인식하는 경향이 강했습니다. 내가 놀고 싶을 때는 어떤 방식으로든 나와 함께 해야 하는, 행여나 내가 놀고 싶은데 다른 친구와 놀고 있으면 '배신'이라는 표현을 사용하는 것을 보아도 그렇습니다. 친구는 기본적인 소유 욕구 카테고리에 두고 있다는 생각도 듭니다. 그래서 다른 친구와 놀고 있으면 마음이 아픈 것이지요. 아이들의 관계를 이해하는 것은 여기서부터 시작해야 합니다. 어른도 사실 아이와 크게 다르지 않습니다. 단지 자기 자신의 어린아이 감정을 세련되게 감추는 방법을 알고 있기 때문에 드러나지 않을 뿐이지요. 어른인 나도 그렇다는 것이 아이들의 마음을 이해하는 첫걸음임은 당연합니다.

그렇다면 아이들의 친구 문제를 해결하기 위한 가장 중요한 방법은 무엇일까요? 창체 시간에 자살 예방 교육을 하며 아이들에게 이렇게 물었습니다.

"혹시 내가 세상에 필요 없다고 느끼거나 너무 후회되는 일이 있었던 적이 있는 사람?"

"내 잘못이 아닌데 부모님이나 선생님께 혼날 때", "친구가 내 편을 들어 주지 않고 다른 사람 편을 들었을 때", "속상한데 친구 기분이 나쁠까 봐 말하지 못하고 다 들어주었을 때" 등 여러 생각이 나옵니다.

아이들 이야기를 듣고 그럴 때 어떻게 하는지 물었습니다. 보통은 그냥 가만히 있는다고 하더라고요. 왜 그런지 생각해 보면 어른들에게는 말대답을 한다고 꾸중 들을까 두렵고, 친구들과는 사이가 나빠질까 봐 그러는 것이겠지요. 아무 말도 안 하고 그냥 속으로 삭히면 결국 친구 관계는 더 나빠질 수밖에 없으며, 무기력하게 돌아선 자기 자신을 비난하게 되는 것이지요. 아이들 이야기를 듣던 중에 한 아이가 한 말이 내내 머릿속을 맴돕니다.

"왜 내가 그때 아무 말도 못 했을까 지금은 후회가 돼요."

그래서 자기 표현이 중요하다고 이야기했습니다. 어떤 상황에서 내가 느끼는 감정을 상대방이 기분 나쁘지 않게 표현하면 내 마음이 건강하게 자랄 수 있게 된다고 했습니다. 몇 가지 사례를 영상으로 보며 연습했는데, 결국은 반복적으로 지도하는 방법밖에는 없었습니다. 가정에서도 지도하여 주시기 부탁 드립니다.

아이들과 글쓰기를 하려고 합니다. 국어 교과에서 경험한 것을 글로 쓰기 활동이 있는데, 글쓰기는 한 단원으로 배워서 써 보고 마치는 것이 아니라 우리 일상 속에서 꾸준히 글을 써야 한다고 생각합니다. 글쓰기를 통해 나의 삶을 성찰하고, 쉽게 털어놓을 수 없는 내 감정을 솔직하게 기록하며 나를 돌볼 수 있습니다. 아이들에게 진실된 삶을 쓰라고 했습니다. 아픈 것을 쓰면 선생님도 같이 아파해 주고, 위로받고 싶은 것을 쓰면 위로해 주고, 기분 좋았던 일을 쓰면 같이 기뻐해 주겠다고 이야기했습니다.

사실 글을 쓰는 이유는 그것입니다. 저도 아픈 것, 기쁜 것, 속상한 것, 위로받고 싶은 것을 안 쓰면 마음에 병이 생길 것 같아 학부모 알림장을 쓰기 시작했습니다. 가끔 제가 잘못된 생각으로 빠지거나 반교육적인 모습이 드러날 때 제가 기록한 글이 불현듯 떠올라 저를 가르치기도 합니다. 글이 내 삶을 가꾸는 것이지요.

아이들에게 글쓰기에 대한 제 생각을 공유했는데, 선뜻 받아들여서 글쓰기에 용기를 얻은 것 같습니다. 글쓰기 공책을 준비해서 학교로 가지고 올 수 있도록 가정에서 도와주세요. 국어 시간에 글쓰기를 같이 해 보며 배우고 언제든 쓰고 싶을 때 글쓰기를 하고 함께 공유하는 활동을 진행하려고 합니다.

오늘은 글이 길어졌습니다. 아침저녁으로 공기가 찹니다. 항상 건강하시길 바랍니다.

— 2019.10.7. 학부모 알림장에서 발췌

『한밤중 달빛 식당』으로 온 책 읽기를 하면서 아이들과 하고 싶은 활동을 정하고 진행하고 있습니다. 아이들은 책을 읽으면서 어떤 활동을 하고 싶은지 궁금했고, 그들 의견을 반영해서 수업해 보고 싶었습니다. 배움의 주체가 배우고 싶은 것과 가르쳐야 할 내용의 중첩을 찾아 연결해 가는 역할을 교사가 해야 합니다. 그래서 지난주 월요일에 아이들 의견을 들었습니다.

1. 음식 만들어 보고 먹기
2. 달빛 식당과 메뉴판에 있던 음식을 클레이로 만들어 보기
3. 마음을 위로하는 메뉴판 만들기
4. 클레이로 달 모형 만들고 고민 깃발 꽂기
5. 고민을 종이에 적고 찢어 교실 난장판 만들기
6. 한 장면을 연극으로 만들어 발표하기
7. 한 장면을 골라 그려 보기

어쩜 아이들의 생각이 기발하던지요. 저도 해 보고 싶었습니다. 제가 생각한 활동과 겹치는 것도 있었고, 새로운 아이들만의 아이디어도 재미있었습니다. 그래서 우선 다 해 보려고 합니다.

지난주에는 메뉴판을 만들고 고민을 적은 종이를 친구들이 돌려 가며 위로의 말, 격려의 말을 해 주며 메뉴판에 그린 디저트를 붙여 주는 한낮중 위로 식당 활동을 했습니다. 아이들의 고민에 아이들이 위로하고 격려하는 모습을 보며 참 사랑스러웠습니다. 때로는 장난스레 위로하는 아이들도 있었지만, 아이들의 이야기를 듣고 글쓰기를 한 것을 보니 대부분 만족하는 듯합니다.

— 2019.11.8. 학부모 알림장에서 발췌

지난주에는 아이들과 책 소개하기 활동을 했습니다. 교과서에서 배우는 내용은 왜 이리도 재미없는지요. 하지만 교과서에서 책을 소개하는 방법을 몇 가지 제시하고 있으며, 책을 소개하는 방법이 다양하다는 것을 알게 하고 싶어서 교과서로 배웠습니다. 교과서에 나온 방법 외에 책을 소개하는 방법이 뭐가 있을까 아이들과 이야기하다 보니 책을 소개하는 방법이 교과서에 제시된 네 가지보다 훨씬 많았습니다. 더군다나 아이들이 이야기한 방법이 더 재미있어 보이기도 했습니다. 지면을 빌려 간단히 소개하면 책갈피 만들기, 사진 자료를 이용해서 소개하기, 간추려서 들려주기, 소개하는 글과 그림 그리기, 역할극 또는 인형극으로 소개하기, 책 홍보 포스터 만들기, 책 소개 뉴스 만들기, 책 소개해 주는 동영상 만들기, 등장인물 성대모사를 하여 책 홍보하기, 시 쓰기 등이었습니다.

아이들과 이야기해 보면 항상 교과서를 뛰어넘는 더 재미있고 참신한 아이디어가 쏟아집니다. 아이들이 이야기하니 주체적으로 참여하고 싶은 마음도 자연스레 생깁니다. 아이들이 이야기한 소개하는 방법을 자유롭게 골라 소개 자료를 만들고, 연습하고 발표하기를 했습니다. 아이들이 준비하는 것을 보니 기대가 되었는데 지난주 금요일에 발표해 보니 역시나 아이들도 너무 좋아했고, 저도 너무 즐겁게 발표를 들었습니다. 전문적인 책 홍보 포스터에 버금가는 작품도 많았고, 책을 소개해 주는 유튜버처럼 제작한 아이들의 영상을 보여 줄 때는 아이들이 감탄하며 시청했습니다. 무대를 꾸미고 책을 사는 상황을 인형극으로 꾸민 아이들과 손톱에 얼굴을 그리고 손가락 인형극을 만든 아이디어도 놀라웠습니다. 책을 소개하는 뉴스를 만들어 역할극을 소개할 때는 아이들이 숨죽여 지켜보고 큰 박수도 보내 주었습니다. 이번 시간을 통해서 다시 한번 깨닫습니다. 아이들이 교육 과정에 참여해야 즐거운 수업이 될 수 있다는 것을 말입니다.
– 2019.11.21. 학부모 알림장에서 발췌

| 5부 |

학부모를
내 편으로 만드는
교사의
교육 철학

01
학부모에게도 위로와 공감이 필요하다

아이를 가르쳐 보거나 키워 본 사람은 안다. 아이와 함께하며 얻는 행복감이 아이를 키우면서 겪는 힘든 시간을 잊게 할 정도로 강렬하지만, 아이를 키우는 것은 얼마나 많은 인내의 시간을 감내해야 하는지 말이다. 내가 아닌 누군가를 그토록 사랑해 본 적이 있었던가? 부모로 산다는 것은 나보다 자녀를 사랑하는 시간을 더 많이 살아가게 되는 것이다.

부모가 아이를 키우며 가장 먼저 가지는 바람은 아이가 건강하게 자라는 것이다. 하지만 자녀가 성장하면서 부모의 바람은 점점 다양해진다. 친구들과 관계, 학교 성적, 성격 등 아이의 생활 영역이 넓어지면서 부모의 바람 영역도 점차 넓어진다. 하지만 부모의 바람에 비례하여 많아지는 것도 있으니 바로 갈등이다.

부모와 자녀의 갈등이 문제되는 것은 가장 가까운 사람이 나에게 하는 날카로운 말 때문이다. 때로는 부모와 자녀가 서로에게 던진 모진 말들이 평생 서로에게 잊혀지지 않는 상처를 남기기도 한다. 때로는 그 상처가 내가 인지하지 못한 마음 구석에 숨어 있다 뜬금없이 생각나 자신을 괴롭히기도 하고, 상처받은 일과 비슷한 상황을 만나면 표면으로 떠오르기로 한다.

세상에 완벽한 부모가 어디 있겠는가? 부모가 될 완벽한 준비를 하고 아이를 가지는 사람이 얼마나 될까? 아이가 태어나면 아이를 기르고 교육하는 것은 온전히 부모 몫이다. 아직 부모로서 준비되지 않은 채 아이를 기르고 가르치다 보면 수많은 시행착오를 겪는 것이 당연하다. 나도 모르게 어릴 적 싫어했던 부모 모습이 아이를 대하는 내 모습에서 보일 때면 흠칫 놀라기도 한다. 부모로서 자녀를 어떻게 대해야 하는지는 나를 대하는 부모 모습에서 대부분 배웠기 때문이다.

아이가 잘못했을 때는 모두 부모 책임인 것만 같다. 부모로서 아이를 잘못 가르쳤다는 죄책감에 괴롭다. 괴로운 마음을 자기 안에서 다스릴 수 있다면 다행이지만, 아이에게로 간다면 보통 상처받는 쪽은 아이다. 하지만 아이가 자라고 생각이 커 가면서 부모와 자녀는 서로 상처를 주고받는다.

아이를 잘 가르치려고 책도 사서 읽고 부모학교 같은 곳에 가서 배우고 싶기도 하지만, 삶이 바쁘고 여유가 없어 시간을 낼 엄두가 나질 않는다. 가족을 위해 힘들게 일해서 돈을 벌어 오지만 자녀는 부모의 그런 마음은 몰라준다. 일이 바빠 가족이 함께하는 시간이 줄면서 오랜만에 마주보고 앉으면 무슨 말을 해야 할지 어색하다. 괜히 공부 이야기를 꺼내 자녀에게 격려해 주려다 잔소리가 되고 만다. 말대꾸 한번 하지 않던 아이가 말대꾸를 하고 신경질을 내면서 방으로 들어가 버리면 부모로서 어떻게 대해야 할지 몰라 강압적으로 자녀를 굴복시키고는 뒤늦게 후회하는 일이 얼마나 많은가? 한참 지난 알림장을 보고 준비물을 못 챙겨 주었다는 사실에 미안해하는 부모는 또 얼마나 많은가?

이렇게 힘든 시간을 지나고 있는 부모를 교사가 이해하는 것에서 부모와 교사의 관계를 시작해야 한다. 교사인 내가 학부모가 되면서 비로소 학부모를 이해할 수 있게 되었다. 그 계기는 첫째 아이가 초등학교에 입학하고 알림장을 쓰면서부터다. 아이가 입학하자마자 이틀이 지나고 알림장을 써 오기 시작했다. 행여 준비물을 안 챙겨 보낼까 봐 불안한 마음에 아내와 함께 알림장을 보았는데, 아직 글쓰기가 익숙하지 않은 아이들에게 알림장을 쓰게 하는 것이 불편했다. 더군다나 가끔 지우개로 전체를 지우고 새로 쓴 것을 보니 마음도 안 좋았다. 아내는 그것에 대해 어떻게 하면 좋을지 초등 교사인 나에게 물었다. 요즘은 입학 전 미리 한글을 배우지 않게 하고 1학년 초반에는 알림장을 지양하는 것이 방침이라고 이야기해 주었다. 아내도 나와 마찬가지로 속상해 했다.

교사라서 교사를 더 잘 이해할 수 있다고 생각했지만, 막상 학부모가 되니 쉽지 않았다. 그래서 선생님께 말씀을 드려야 하나 아내랑 고민하다 결국은 하지 않기로 했다. '우리 아이도 이번 기회에 글씨 연습을 할 수 있지 않을까?' 하는 결론에 도달한 것이다. 사실 그런 이야기로 담임 선생님에게 밉보이고 싶지 않았던 이유도 있다. 그런데 대화 끝에 아내가 던진 질문이 나를 너무 부끄럽게 했다.

"당신이 처음 1학년 선생님을 맡았을 때는 어땠어?"

나도 7년 전 1학년을 처음 맡았을 때, 입학한 후 한글을 익혀야 한다며 알림장을 쓰게 했었던 것이 기억났다. 학부모에게는 당당하게 한글을 익힐 수 있도록 알림장을 쓰게 한다고 이야기했다. 그때 아무도 나에게 이의를 제기하지 않았다. 분명 담임 선생님과 생각이 다르고 자녀가 알림장을 쓰는 것이 많이 속상했겠지만, 아이가 담임 선생님에게 밉보일까 봐 참았던 부모도 있을 것이다. 알림장 쓰는 것이 힘들다고 이야기하는 아이들을 담담하게 설득했을 모습을 상상하니 마음이 아프고 부끄러웠다

그때부터 학부모 마음이 들어왔다. 학급에서 교육 활동을 할 때면 학부모 입장에서 더 생각해 보았다. 학부모에게 교사가 바라보는 아이들 이야기만 써서 보내지 않고 자녀를 키우는 학부모로서 이야기도 쓰기 시작했다. 후에 학부모에게 전해 듣기로 아이들이 학교에서 생활하는 이야기를 글로 써서 가정으로 보내 준 것도 좋았지만, 학부모로서 겪는 속상함과 행복, 외로움, 혼란에 더 많이 공감하고 위로가 되었다고 했다.

학부모와 교사 관계는 부족한 한 사람이 아이를 올바르게 기르려고 노력한다는 점을 서로 인정하는 것이 전제되어야 한다. 때로는 부모인 내가 그렇듯이 다른 사람도 내 아이에게 실수하고 상처를 주기

도 한다. 또 그것 때문에 뒤늦게 후회도 한다. 때로는 내가 그렇듯이 다른 사람도 내 아이가 한 말에, 행동에 상처를 받고 아파한다. 그래서 서로를 위로해 주어야 한다. 서로를 격려해 주어야 한다.

02
교사 철학을 학부모와 공유해야 하는 이유

요즘 뉴스에서 흔하게 볼 수 있는 교사와 학부모 갈등의 가장 큰 이유는 서로의 생각을 의심하기 때문이다. 왜 서로의 생각을 의심하는가? 서로의 생각을 모르기 때문이다. 소통이 없기 때문이다. 자신들이 살아온 삶의 방식대로 상황을 이해하고 아이가 하는 말만 듣고 판단하려다 보니 오해는 쌓이고 불신은 깊어 간다.

학부모는 아이가 하는 말을 듣고 판단할 수밖에 없다. 누군가 밀어서 계단에서 넘어질 뻔했다고 아이가 말한다면, 부모는 어느 못된 아이가 악의를 품고 자신의 아이를 밀고는 도망치는 상상을 하지 않겠는가? 실상은 아이들이 우르르 몰려가는 상황에서 실수로 넘어지며 밀게 된 경우였다고 하더라도 말이다.

어떤 반에 말썽을 많이 피우는 한 아이가 있었다. 그 아이는 반 친구들과 자주 다투고 괴롭히는 것이 일상인 아이다. 교사가 어찌 가만히 두고만 있을까? 혼내기도 하고 달래기도 하고, 이런저런 방법으로 지도하는 것은 당연하다. 교사의 가치관과 교육 철학에 따른 훈육 원칙이 있고, 그것에 기반하여 지도한다.

학부모 입장에서 보면 어떨까? 내 아이가 말썽을 피우는 아이에게 괴롭힘을 당한다면 그것이 일시적인 행동이라고 하더라도 흥분하지 않을 수 없다. 왜일까? 교사가 어떤 철학으로 그 아이를 지도하고 있는지, 그 행동에 어떤 생각을 하고 있는지 알 길이 없기 때문이다. 아이가 집에 와서 하는 이야기를 들으며 머릿속으로 그리는 이미지는 왜곡된다. 극히 일부의 학폭 사안을 제외한 대부분의 사소한 다툼이 악랄하고 영악한 친구에게 일방적인 피해를 당한 것으로 믿게 된다.

그런 일을 당했다는 것을 자녀에게 전해 듣고 교사에게 조심스럽게 물어보는 학부모는 양반이다. 다짜고짜 학교로 찾아와서 학폭으로 신고하겠다고 으름장을 놓는 경우가 얼마나 많은지 우리는 현장에서 익히 경험하고 있다.

사실 교실에서 아이들과 생활하다 보면 여러 가지 상황이 발생한다. 그 모든 상황을 교사 혼자 짊어지고 갈 수도 없고 그래서도 안 된다. 어떤 방법이든지 학부모와 공유해야 하며, 교사의 교육 철학과 학부모의 그것이 합의되는 지점이 필요하다. 합의에 도달하기 어렵다면 교사가 어떤 생각으로 교실에서 아이들의 관계를 바라보고 있는지, 어떻게 지도하고 있는지, 학부모는 어떻게 도와주길 바라는지 설득하는 과정이 있어야 한다. 하지만 현실에서는 쉽지 않다. 학부모를 개별로 만나서 그런 이야기를 할 수 있는 시간이 절대적으로 부족하기 때문이다.

보통 학교에서 학부모 상담은 1년에 두 번 정도다. 그렇다면 학교에서 내 아이가 무엇을 배우는지, 어떤 이유로 이런 활동을 하는지, 담임 선생님은 아이들을 어떤 철학을 가지고 대하는지 알 수 있는 방법이 거의 없다. 아이에게서 단편적으로 듣는 이야기로 조각을 맞추듯 담임 선생님을 판단할 수밖에 없는 것이다.

이런 이유로 학부모와 담임의 교육 철학을 공유하는 방법으로 선택한 것이 학부모 알림장 쓰기다. 보통은 2주일에 한 번씩 아이들과 교실에서 배우며 살아가는 이야기를 쓰고, 그 속에서 담임 선생님으로서 고민과 교육 방침 등을 편지 형식으로 써 학부모 알림장이라는 공책에 붙여 주었다(학부모 알림장에 쓴 내용은 '교육 철학 톡! Talk?'에 자세하게 정리했으니 참고하면 좋겠다).

학부모 알림장을 쓴 가장 큰 목적은 아이들의 학교 생활 공유다. 그런데 글을 쓰다 보니 교사로서 고민도 털어놓게 되고, 학급 내에서 진행하는 여러 가지 프로젝트 활동과 그 활동을 하는 이유 등도 첨가했다. 또 가정에서 알아야 할 학급의 문제 상황과 그것에 대한 교육적 해결 방법 등으로 내용이 확장되었다.

학부모 알림장에 담기는 내용이 다양해지면서 당연하게 나에게 요구된 것은 교사로서 교육 철학이다. 학부모에게 내가 가지고 있는 생각들을 설명하고 설득하는 과정에서 내가 가진 교육 철학을 끌어내야 했다. 처음에는 내가 가진 철학의 빈곤에 허덕이며 기준을 잡지 못해

헤매었다. 그때부터 진짜 공부가 시작되었다. 책을 사서 읽고 존경하는 선생님을 만나 교사로서 어떻게 살고 싶은지 공부하기 시작했다.

때로는 책에서 보았던 좋은 글귀를 옮겨 쓰기도 하고, 존경하는 선생님께 들은 좋은 말씀을 글로 옮기기도 했다. 그런데 신기하게도 처음에는 내 것이 아니었던 생각과 글귀가 글로 쓰고 되새기면서 시나브로 내 삶에 스며들었다. 내가 쓴 글이 삶을 바르게 가꾸고 있었던 것이다. 이것이 학부모에게 교사의 철학을 공유해야 하는 가장 중요한 이유다.

03
비교는 아이 스스로 하는 것으로 충분하다

　자녀를 키우는 부모라면 내 자녀를 또래 친구와 비교하는 유혹에서 벗어나기 힘들다. 생후 몇 개월부터 뒤집기를 했고 기어다녔는지 시작해서 점차 성장하면서는 키를 비교한다. 병원에서 건강 검진을 받으면 전체의 %로 표시되는 것에 시선이 멈춘다. 그리고 학교에 입학하면서부터 점차 또래 친구와 비교하는 영역이 넓어진다.

　특히 아이들의 배우는 속도를 비교하기 시작하면 그 기준에 미흡한 부분이 분명히 보이게 마련이다. 학부모와 상담을 할 때면 대다수가 자녀의 배움 속도가 혹여 뒤처지지는 않은지 걱정하고 있었다. 아이를 키우는 부모로서 충분히 공감할 수 있는 부분이다. 이때마다 배움 속도보다 더 중요한 것이 있음을 알게 되었던 작은아이 이야기를 꺼낸다.

작은아이를 학교에 보내기 전, 우리 부부가 가장 걱정했던 부분이 바로 한글이다.

'한글을 모른다고 친구들에게 놀림을 당하지 않을까?', '교육 과정이 바뀌었어도 교과서는 한글을 읽을 줄 안다는 전제하에 수업을 진행하는 것 같던데 어쩌지?', '담임 선생님이 부모가 아이에게 관심이 없다고 생각하지는 않을까?'

사실 이런 고민이 아이에게 한글을 빨리 가르치려고 하는 이유일 것이다. 예상했겠지만, 작은아이는 아직 한글을 읽지 못했다. 우리 부부가 관심이 없던 것은 아니었다. 큰아이는 5살부터 한글에 관심을 가지기 시작했고 6살부터는 한글을 읽었다. 하지만 작은아이는 7살 때부터 한글에 조금씩 관심을 보이기 시작했다. 하지만 한글을 배우고 싶어 하지 않았기에 서두르지 않았다. 꾸준히 책만 읽어 주었다. 그런데 부모의 걱정과 욕심은 자라났고 자녀의 지식을 채워 줄 방법을 찾고 있었다. 책을 읽을 때마다 가장 기본적인 단어가 나오면 중간에 멈추고 "이것 읽을 수 있지? 읽어 볼래?" 하며 아이에게 읽기를 무심결에 강요하기도 했다.

초등학교에 입학하기 한 달 전부터 내 조바심은 조금씩 아이의 한글 공부로 향해 있었다. 방학을 맞아 함께 있는 시간이 많아지면서 아이들이 좋아하는 장난감으로 약속을 했다. 큰아이는 문제집 복습, 작은아이는 기본 음절표를 가지고 하루에 조금씩 한글을 공부하기로 한 것이다.

큰아이는 학원을 가기 싫어했고 우리도 굳이 학원을 보내고 싶지 않았다. 그 대신 혼자서 공부하는 습관을 가지도록 학교에서 배운 내용을 문제집으로 복습하는 방법을 택했다. 큰아이는 그럭저럭 그 방법에 익숙해져 곧잘 따라왔지만, 문제는 작은아이였다. 그때는 그렇게 생각했다. 나에게는 작은아이가 큰아이랑 다른 것이 문제였던 것이다. 서로의 다른 점을 인정하지 못하고 큰아이랑 비교해서 한글이 늦은 작은아이를 보며 조바심을 냈더니 그 감정이 작은아이에게 고스란히 전해졌다. 학교에서는 누구나 각자 잘하는 것이 있다며 아이들을 위로했지만, 정작 내 자녀는 그렇게 하지 못했다. 하지만 더 큰 문제는 따로 있었다.

우리는 사실 본능적으로 비교하게 되어 있다. 페스팅거의 사회 비교 이론에 따르면, 인간은 끊임없이 누군가와 비교하며 사회 구성원으로서 내 존재를 확인받고 싶어 한다. 자기보다 뛰어난 사람과 나를 비교하며 좌절감을 느끼기도 하지만, 반대로 그 사람을 닮고 싶어 더 열심히 노력하기도 한다.

중요한 것은 성인뿐만 아니라 아이 스스로도 타인과 끊임없이 비교하는 주체라는 점이다. 아이 스스로도 다른 사람과 비교하며 자신에게 지금 무엇이 부족한지, 무엇을 잘하는지 누구보다 잘 알고 있다. 스스로 비교하는 심리적 활동으로 의욕이 생기기도 하고 불안함을 느끼기도 한다. 부모가 나서서 타인과 자녀를 비교하는 말을 한다는 것은 아이 스스로 비교하며 성장할 기회를 빼앗는 것이다. 그와 더불어 가장 의지하는 사람에게서 내 존재의 불확실함을 확인받는 것이기도 하다. 부모까지 불안함을 더 얹어 줄 필요가 있을까? 부모와 교사의 역할은 아이가 타인과 비교하며 긍정적인 영향을 받아 자신이 더 성장할 수 있는 마음을 가지도록 돕는 것이다. 그걸로 족하다.

아이는 삶에서 자신의 속도로 끊임없이 배운다. 설령 그 속도가 부모나 교사가 정한 배움 속도보다 느리더라도 재촉할 필요는 없다. 오히려 아이에게 어떤 도움이 필요한지 고민하게 해야 한다.

『심리학은 아이들 편인가』에서 오자와 마키코는 이렇게 이야기한다.

학교에서 학습지도 내용이 갑자기 많아지고 난이도가 높아졌다. 일본이 한창 고도성장을 할 무렵, 학습내용을 어떻게든 잘 가르치는 기법을 제안하는 학문으로서 교육심리학은 기대를 받게 되고 학교교육과 관계를 맺기 시작하였다. 또한 학습효과를 측정하고 아이를 평가하는 방법을 개발하고 제공하였다. 그리고 일방적으로 할당되는 많은 과제에 아이들이 지쳐 떨어져 나가고 당연한 귀결로 의욕을 상실하자 학생들에게 의욕이 생기게끔 유도하는 심리학이 등장하였다. 학교가 침체되고 이곳저곳 터져서 메워야 할 구멍이 많아질수록 심리학이 그것을 해결해 줄 것이라는 환상은 비대해져 간다. 학습 의욕은 두말할 필요도 없이 그 사람의 것이다. 각자의 몸을 가진 사람과 사람의 관계 속에서 의욕이 솟아오른다면 그건 나름 납득이 가지만 보이지 않는 힘이 심리학적인 기법으로 사람의 내면을 조작하는 것은 참을 수 없다. 그것은 아이에 대한 무례한 관리이다.

— 『심리학은 아이들 편인가』, 오자와 마키코

아이들은 하나하나가 아이 그 자체다. 누군가와 자신을 비교하는 주체적 의식조차 누군가에게 빼앗긴 아이는 무엇을 위해 배워야 하는지도 모른 채 배움에 던져진다. 교사가 되기 위해 의식 없이 배우고 외운 교육 심리학과 발달 심리학이 오히려 교사에게는 독이 될 수 있다. 내가 가르치는 학생 또는 자녀를 발달 과정이라는 위치에 끊임없이 밀어 넣고 세워 놓는다면 그것은 아이에 대한 무례한 관리인 셈이다.

04

아이와 하는 감정 줄다리기에는
승자도 패자도 없다

아이들과 생활하다 보면 감정의 줄다리기를 하는 상황이라는 것을 직감할 때가 있다. 그 상황에서 부모는 이런 고민이 생긴다.

'이렇게 아이에게 맞추어 주면 버릇이 나빠지지 않을까?'

이런 생각이 마음속에 들어오면 이미 줄다리기는 끝났다. 아이와 감정의 줄다리기에서 부모가 질 확률은 매우 낮기 때문이다. 부모가 아이를 윽박지르고 소리를 지르는 순간 아이는 입을 닫는다. 아이도 본능적으로 안다. 이길 수 없는 게임이란 것을 말이다.

학교에서도 마찬가지다. 교사와 학생으로 만나는 관계에서 감정의 줄다리기는 언제나 교사 승리로 끝난다. 그렇게 순순히 끝나면 좋겠지만 좋지 않은 사례로 남기도 한다. 우리가 뉴스에서 접하는 아이를 체벌한 교사나 아이를 학대한 부모, 교사를 폭행한 학생 이야기가 바로 그것이다.

여기에서 한 가지 생각해 보아야 할 것이 있다. 자녀나 학생이 내 말을 듣지 않을 때 윽박지르기 전에 아이는 어떤 마음으로 그 행동을 했는지 말이다. 순간적인 감정으로 윽박지르거나 소리를 지르면 그 순간에는 아이 행동을 멈추게 할 수 있다. 하지만 아이가 어떤 마음으로 그 행동을 했는지 알 수 있는 기회는 잃게 된다. 더 큰 일은 점차 아이는 그런 부모나 교사에게 마음을 열지 않는다는 것이다.

예전 학교 수업 시간에 있었던 일이다. 한 아이가 필기하지 않고 턱을 괸 채 그냥 앉아 있어서 왜 쓰지 않느냐고 했더니 연필이 없다고 말했다. 그 말을 듣고 눈치 빠른 한 아이가 연필을 빌려주어도 다시 돌려주고는 가만히 있었다. 속상한 일이 있냐고 물어도 대답도 하지 않고 고개만 숙였다.

보통 그런 경우에는 쉬는 시간에 불러 무슨 일인지 물어보거나 혼내서 친구 것을 베껴서라도 다 쓰게 할 것이다. 하지만 무엇이 이 아이에게 가장 좋은 방법일까 고민하니, 아이 마음이 정리될 때까지 기다려 주는 것이 필요하겠다 싶었다. 그래서 쉬는 시간에 그 아이를 불러 무슨 일이 있는지 묻지도 않고 다 쓰게 하지도 않았다. 한동안 가만히 있던 아이는 친구들이 노는 모습을 보더니 재미있어 보였는지 곁으로 갔다. 그리고는 금세 친구들과 놀며 기분이 좀 풀린 듯했다. 오후 미술 시간에는 아이 의욕이 조금 되살아나 무엇인가를 꾸미는 모습이 대견해서 칭찬해 주었다. 그리고 오전에는 아무것도 하지 않아서 걱정했는데 열심히 하는 모습을 보니 선생님이 기분이 좋다고 이야기했다.

그 아이와 상담하고 꼭 무슨 일이 있었는지 알아보는 것이 중요할까? 그 아이가 활동을 하지 않는 것을 이해하고 넘어가면 혹시 다른 아이들도 따라 할까 봐 두려움에 다수를 통제하려고 과제를 끝까지 다 하게 하는 것이 중요할까? 가끔은 그냥 모른 척 넘어가는 것도 좋겠다고 생각했다. 시간이 지난 후 마음이 풀리면 자연스레 이야기할 수도 있다. 중요한 것은 아이 마음을 잃지 않는 것이다.

아이와의 감정 줄다리기를 힘들어 하는 부모를 만나면 하는 말이 있다. 감정 줄다리기를 하기 전에 먼저 어떻게 아이를 대하면 좋을지 생각해 보라고 말이다.

05
아이의 1순위와 부모의 1순위, 그 사이에서

자녀에게 가장 좋은 것을 주고 싶은 마음은 부모라면 다 비슷할 것이다. 그런데 한 가지 간과하는 것이 있다. 부모가 주려는 것이 과연 자녀가 받고 싶어 하는 것일까?

학부모 상담 기간에 배울 준비가 되어 있지 않은 아이에게 이것저것 가르치려고 한 것을 가장 후회한다는 말을 자주 듣는다. 불안한 마음에 어렸을 때부터 배울 준비가 되지 않은 아이에게 한글도 가르쳐 보고, 영어도 가르쳐 보고, 학습지도 공부시키는 부모 마음을 왜 모르겠는가? 하지만 배울 준비가 되지 않은 아이는 예상하지 못한 곳에서 엇나가거나 무너졌고 그런 자녀를 보는 부모 마음도 내려앉는다. 교사인 나도 어린 자녀를 기르며 실수한 적이 있다.

큰아이가 1학년 때 학원 두 곳을 다니게 했다. 하교한 후 우리가 퇴근할 때까지 혼자 집에 있는 시간을 줄여 보려는 목적도 있었다. 하지만 속마음은 뭐라도 더 배우게 하겠다는 욕심이었다. 결국은 너무 힘들다며 펑펑 울어서 아이 하교 시간과 우리 부부의 퇴근 시간 사이에 아이가 홀로 있음에도 학원을 그만두었다. 그런데 3학년이 되자 큰아이는 학교에서 진행하는 방과 후 영어를 하겠다고 했다.

아내에게 물어보니 몇 가지 이유가 있었다. 첫째, 3학년 때부터 영어 교과 수업을 진행하는데 영어를 못하면 부끄럽다는 것. 둘째, 큰아이가 관심 있는 여자 친구가 영어 학원에 다니는데 거기에 가고 싶다는 것. 하지만 그 학원은 일주일에 세 번 다녀야 하기에 망설였다. 관심 있는 여자 친구와 같은 학원에 다니는 설렘이 일주일에 세 번 영어를 배워야 한다는 부담감을 넘어서지 못했다. '아들아, 아직 너는 사랑을 모른다. 아빠라면 사랑을 택했을 것이다.'

어쨌든 큰아이는 방과 후 일주일에 두 번은 괜찮다는 결론을 내렸다. 그렇게 방과 후 일주일에 두 번씩 영어를 공부한다. 하루는 큰아이가 영어가 재미있다고 말했다. 무엇이 재미있는지 물어보았더니 자기가 만든 알파벳 발음표를 보여 주며 단어 몇 개를 쓰고는 읽어 보라고 했다. 처음 보는 단어라 나름 긴장하면서 읽었는데 자기가 예상한 발음과 비슷했나 보다. 알고 보니 요즘 유행하는 게임의 캐릭터 이름이었다. 그렇게 영어가 큰아이 마음속으로 들어오고 있었다.

동화 『아주아주 많은 달』은 부모 생각대로 아이에게 무엇이 필요한지 판단하는 어리석음을 경계하라고 이야기한다. 꼭 읽어 보라고 권하고 싶다. 줄거리는 이렇다.

『아주아주 많은 달』에서 왕은 배탈이 난 공주를 낫게 하고자 무엇이든지 원하는 대로 해 주겠다고 말한다. 공주가 원한 것은 바로 '달'이었다. 왕은 신하, 마법사, 수학자에게 달을 구해 오라고 명령하지만, 달까지 너무 멀고 크기가 커서 가져올 수 없다고 말한다. 상심한 왕에게 궁중 어릿광대가 다가와 말한다.

"공주가 달을 갖고 싶다고 한다면 공주에게 갖고 싶은 달이 어디에 있고, 무엇으로 만들어져 있는지, 얼마만큼 큰지 물어보면 되지 않나요?"

궁중 어릿광대는 공주에게 물어보았다.

"공주님은 달이 얼마나 크다고 생각하세요?"

"내 엄지손톱보다 조금 작아. 내가 달을 향해 엄지손톱을 대보면 딱 가려지거든."

"그러면 달은 얼마나 멀리 있나요?"

"내 방 창문 밖에 있는 큰 나무만큼도 높이 있지 않아. 어떤 때는 나뭇가지 꼭대기에 달이 걸려 있기도 하니까."

마지막으로 공주에게 물었다.

"그러면 공주님께 달을 가져다 드리는 일은 무척 쉽겠네요. 제가 나무에 기어 올라가서 공주님께 그 달을 가져다 드릴게요. 공주님, 달은 무엇으로 만들어져 있나요?"

"당연히 금으로 만들어졌지."

그렇게 공주와 대화하며 공주가 원하는 것이 '엄지손톱보다 조금 작은 둥근 금'이라는 것을 알고 금목걸이를 만들어 준다. 그렇게 해서 공주는 병이 낫고 편안히 잠들 수 있게 되었다. 하지만 왕은 또 걱정거리가 생겼다. 다음 날에도 달이 뜨면 공주가 가진 달이 가짜라는 것을 알게 될 테니까 말이다. 과연 공주는 어떤 반응을 보였을까?

어른은 아이를 위한다고 하지만 아이에게 내미는 답은 결국 어른이 가진 답을 벗어나지 못한다. 자기 생각의 범위를 벗어나지 못하는 것이다. 아이들이 진짜 원하는 것이 무엇인지 물어볼 생각은 하지 못할 때가 많다. 내가 아는 범위에서 답을 찾아 주어야 한다는 생각만 할 뿐이다. 공주가 말한 달과 왕이 생각한 달이 너무나 달랐던 것처럼 말이다.

06
학원을 보내지 않는 이유

　나는 아들 둘을 키우고 있다. 자녀를 키우면서 가장 잘하고 있는 것 한 가지를 꼽자면, 아직 학원을 보내지 않는다는 것이다. 사실 학원을 보내는 문제로 우리 부부는 약간 의견 충돌이 있었다. 하지만 그것도 내가 육아 휴직을 마치고 복직한 후 돌봄 문제 때문이었지 아이들에게 무엇을 배우게 해야 한다는 생각 차이는 미미했다.

　학부모와 상담을 하다 보면 대다수가 자녀의 학원 문제로 고민이 많다고 말한다. 물론 맞벌이 때문에 아이 돌봄과 차량 운행 목적도 있다. 다른 집 아이들도 다 학원에 가는데, 우리 아이만 가지 않으면 왠지 불안해서 보낸다는 학부모도 있다. 교사인 나에게 가장 많이 물어보는 질문이 "학원을 보내야 할까요?"다.

　아이를 학원에 보내지 않는 이유는 아이러니하게도 배움에 있다.

배움에는 분명히 주체가 있으며, 그 주체는 아이가 되어야 한다는 생각이다. 아이가 배움 주체로 서지 않으면 사라질 지식을 구겨 넣는 것 그 이상은 되지 않는다고 생각한다.

4차 산업혁명 시대에는 지금까지와 다른 인재가 필요하다는 말은 당연하지만, 다르게 생각해 보면 고개를 갸웃하게 된다. 그들이 이야기하는 창의성, 협동력, 의사소통 능력이 언제는 중요하지 않았나? 이것은 학부모의 불안감만 조성하고 아이들을 사교육으로 내몰 뿐이다. 4차 산업혁명을 들먹이지 않아도 아이들을 가르쳐 보면 누구나 안다. 아이들은 자기가 하고 싶어야 공부한다. 자기들이 필요해야 한다는 말이다.

학생은 필요성을 전혀 느끼지 못하는데 억지로 교육하는 근대 교육의 장인 학교에서 하는 수업 행태를 보면 명확하다. 수업에서는 동기 유발이라는 것을 가장 먼저 한다. 동기 유발은 왜 할까? 왜 이것을 배워야 하는지에 대한 동기 없이 학교에 왔으니 아이들은 눈만 끔벅거리며 선생님을 쳐다본다.

'어디 한번 내 내면에 깊이 잠자고 있는 학습 동기를 유발해 보시지?' 하며 냉소적으로 앉아 있는 아이들을 웃기게 하고 궁금하게 하고, 때로는 겁을 주면서 간신히 수업으로 이끄는 이 땅의 교사가 불쌍하다 못해 서글프다.

학원은 어떤가? 선행 학습이란 허울 좋은 이름으로 빠르게 문제를 푸는 공식만 익힌 채 적으면 몇 개월, 많으면 몇 년 후에 배워야 할 것들을 가르쳐 오지 않았나? 그렇게 학원에서 먼저 배웠다고 학교 수업은 시시하다는 아이들에게 오기가 생겨 더 열심히 연구하고 가르쳤다. 왜 배워야 하는지 모르는 아이에게 다들 그러니까 불안한 마음에 학원을 보내는 부모는 되고 싶지 않았다.

아이들은 학교에서 배우고 또 학원에 가서 몇 년 치 내용을 앞서 배운다. 집에 돌아가서 쉬기라도 하면 다행이지만, 쉬지 못하고 숙제하는 아이들도 있을 것이다. 이런 아이들은 과연 언제 스스로 공부할까? 왜 이것을 공부해야 하는지조차 모른 채 지식을 주입받은 아이들이 과연 그 지식을 꺼내어서 스스로 배움을 정리할 시간은 있을까? 이런 무수히 많은 의문에 회의적인 대답만 떠오른다.

내 아이는 이런 삶으로 내몰고 싶지 않다. 그냥 지금을 즐기게 하고 싶다. 공부해야 한다면 학원 말고 스스로 복습하는 시간만 최소한으로 가지도록 지도해야 한다고 생각한다. 물론 아이가 학원의 도움을 받아 공부를 더 하고 싶다고 한다면 막을 필요는 없다. 단지 아이 의사와는 관계없는 부모의 일방적인 학원 선택과 강요가 문제인 것이다.

학원에 아이를 보내지 않는 부모는 혹여나 뒤처질까 봐 늘 불안함과 대치 상태다. 학원은 그런 부모의 심리 상태를 너무나도 잘 안다. 하지만 생각해 보자. 학원을 가지 않으면 공부하지 못하는가? 학원을 가지 않으면 뒤처진다는 부모의 불안함이 자녀에게도 그대로 전달되어 자신이 공부를 잘하지 못하는 이유를 학원에 가지 않기 때문이라고 결론을 낸다.

'친구들은 많이 공부하는 것 같은데 자기는 그렇지 않은 것 같다'며 집에서 스스로 풀 문제집을 사 달라는 큰아이가 기특했다. 아들도

2학년 때부터 문제집을 하루에 한 장씩 풀기 시작해서 학년이 올라갈수록 한 장씩 늘리기로 했다(언제까지 늘려 갈지는 모르겠지만). 그렇게 습관을 들이니 이제는 스스로 공부할 시간을 정하고 어려운 문제도 깊이 생각해서 푸는 힘을 기른 것 같다.

집에 오자마자 부담 없이 가방을 방에 던져 놓고 놀러 나가는 두 아이는 지금이 너무 행복하단다. 나는 그걸로 족했다. 물론 두려운 마음이 없지는 않다. 항상 우리 가족은 지금 이 순간 행복하기 위해 고민하고 선택하면서 살고 있다. 언젠가 지금 이 순간을 후회할 일이 온다면 지금처럼 행복하기 위해 치열하게 고민하며 가장 좋은 선택을 할 것이라고 믿는다. 지금까지 우리가 그래 왔던 것처럼 말이다.

07
아이에게는 가족회의가 가장 큰 규칙이 된다

학부모 상담에서 많이 듣는 고민 중 하나가 바로 '아이의 공부 습관을 잡아 주고 싶은데 어떻게 하면 좋을까?'에 관한 것이다. 그 고민을 들을 때마다 가족회의를 권한다. 우리 가족은 중요한 의사 결정을 할 때 가족회의를 거친다. 그러고는 가족회의에서 결정한 사항은 모두가 쉽게 볼 수 있는 곳에 게시한다. 가족회의로 일방적이지 않은 소통의 모습을 보여 주고 싶기도 하고, 아이들이 의사 결정에 참여하면 그만큼 스스로 지키려는 마음도 커지기 때문이다.

우리 가족은 겨울 방학 전에 가족회의를 거쳐 겨울 방학 동안 TV 보는 시간과 스마트폰 하는 시간을 정했는데, 너무 아이들 의견에 맞추어 준 것 같다. TV는 하루 5시간, 스마트폰은 1시간, 문제집 풀기는 두 장(작은아이는 한글을 공부했는데, 그마저도 짜증을 내는 순간 그만둠) 하기로 했다. 아이들과 함께 정했기에(사실 우리가 편했기에) 바꾸지 못했다. 그러다 그 꼴을 더는 보지 못했던 나와 아내는 가족회의 필요성을 느꼈다. 개학을 하루 앞두고 긴급 가족회의를 소집했다.

갑작스레 가족회의에 참석한 큰아이는 엄마, 아빠의 화려한 말솜씨에 논점을 잃고 이리저리 헤매다 "평일 하루 문제집은 두 장만."이란 마지막 말을 남기고 모든 안건에 동의했다. 작은아이는 초등학생이 되었으니 유치원생이랑 달라야 한다는 말에 속아 넘어가 "주말에도 TV 보는 시간을 2시간까지 줄일 수 있지 않을까?"하며 아군인 형을 설득하기도 했다.

결국 가족회의에서 정한 규칙은 다음과 같다.

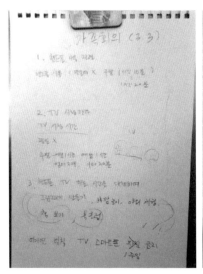

2019.3.3. 개학 전 가족회의 내용

2019.7.15. 방학 전 가족회의 내용

오늘 아침에 아이들이 TV를 보지 않은 이유도 이 가족회의 결과 때문일 것이다. TV를 보지 않으니 아이들은 심심해 했는데 아침잠이 없는 아이들을 위해서 뭐라도 해야 했다. 형인 큰아이가 그림을 그리니 형을 본보기로 삼는 작은아이도 만들기를 하며 아침을 보냈다. 가족회의가 바꾼 평화로운 아침 풍경이다.

중요한 결정을 해야 할 때, 가족 공동체에서 문제가 발생했을 때 가족회의를 하게 된 것은 학교에서 배운 한 가지 사실 때문이었다. 교실에서 문제 상황이 생기면 아이들에게 문제 상황을 설명하고 회의를 거쳐서 어떻게 해결할지 같이 고민하고 결정했다. 교사가 생각하는 대로 결정되지 않는다. 원래 회의란 것이 그렇다. 하지만 각자 의견을 조금씩 양보하면서 서로에게 원하는 것을 알게 된다. 아이들도 교사도 그때서야 회의에서 정한 사항을 지킬 준비가 되는 것이다.

물론 모든 회의를 거치지 않아도 교실에서는 교사가 결정하고 강제할 수 있다. 그렇게 교사가 정해 버리면 결정한 내용은 아이들과 회의를 거쳐서 결정한 내용과 비슷하겠지만, 아이들이 문제를 대하는 마음과 실천하려는 노력은 분명 다를 것이다.

공부하는 시간을 정하려고 가족회의를 한다고 가정해 보자. 공부하는 습관이 왜 필요한지 엄마의 생각을 이야기하고 아이 이야기도 들어 보며 서로가 원하는 것이 무엇인지 알아본다. 부모는 공부 시간을 더 늘리고 싶을 것이며, 자녀는 자유 시간을 더 갖고 싶을 것이다. 분명 처음에는 서로의 의견이 마음에 들지 않을 것이다. 대화하는 과정에서 결정한 내용이 마음에 들지 않는다고 하더라도 거기에서부터 시작하면 된다. 서로의 생각을 알게 되면서 차이를 줄여 가면 된다.

서로가 조금씩 양보하며 결정된 사항은 기록으로 남겨 모두가 볼 수 있는 장소에 붙인다. 결정한 내용을 실천하고 수정할 부분이 있을 때는 다시 가족회의를 거쳐 결정한다. 그러니 처음부터 목표를 완벽하게 세우지 않아도 된다. 서로가 의견을 내고 그것을 반영하며 책임도 같이 진다는 점을 아는 것이 중요하다.

학기마다 15분 정도 주어지는 상담 시간은 이런 내용들을 알기에는 시간이 너무 부족하다. 그래서 학부모 알림장이라는 것을 준비해서 안내했다. 교사가 학부모와 교육적 고민을 나누는 것은 멀게만 느껴지는 거리를 좁힐 수 있는 기회다.

08
아이는 부모의 뒤통수를 보고 성장한다

오랜만에 아들의 보조 가방을 정리했다. 가방 안에서 아이스크림 막대, 요구르트병 등 쓰레기가 쏟아져 나왔다. 나도 모르게 미소를 지었다. 아들이 대견했다. 꽤 오래전 일이 떠올랐기 때문이다.

예전에 큰아이가 4살 정도 되었을 때, 작은아이를 유모차에 태워 산책을 나간 적이 있었다. 유모차 아래에는 짐을 실을 수 있는 짐칸이 있었다. 산책을 가는 길 중간에 쓰레기가 떨어져 있자 큰아이가 그것을 주워 유모차 짐칸에 모으기 시작했다. 산책이 쓰레기 수거 작업으로 바뀌었다. 줍고 보니 짐칸을 금방 채웠다. 나와 아내는 큰아이를 칭찬했고, 우리 가족은 나름 뿌듯한 기분으로 집에 돌아온 기억이 있다.

그 후 모든 상황에서 그렇게 한 것은 아니지만 엘리베이터, 놀이터 의자 등 주울 수 있는 상황이면 쓰레기를 주웠고 아들은 부모 모습을 보고 따라 했다. 한번은 아이들에게 이런 이야기를 했던 것 같다.

"아빠가 어릴 때, 길을 가다 쓰레기가 보이길래 주워서 주머니에 넣어 집에 갔어. 당연히 할머니가 아빠 옷을 빨 때 주머니에서 쓰레기가 나왔겠지? 그런데 쓰레기를 길에 버리지 않고 가져왔다고 칭찬해 주셨어. 아빠는 그때부터 쓰레기를 주머니에 넣는 습관이 생겼어. 지금도 봐. 주머니에서 쓰레기가 나오지?"

당시 어머니가 "더럽게 쓰레기를 왜 주머니에 넣고 다니냐."라고 꾸짖으셨다면 나는 이 습관을 지금까지 지켰을까? 어머니의 교육 방식에 참 감사한 마음이다.

학교에서 아이들을 가르치는 것을 업으로 삼고 있다 보니 쓰레기를 버리는 문제를 지도한 적이 있다. 아이들에게도 아들에게 했던 이야기를 그대로 들려준 적이 있었는데, 한 아이는 솔직하게 부모가 한 말을 그대로 옮겨서 말했다.

"선생님, 저도 언젠가 쓰레기를 주우려고 했는데 엄마가 더럽다고 줍지 말라고 하셨어요."

사실 그 말도 맞는 말이다. 하지만 그것이 아이들에게 교육적이지는 않다고 생각한다. 그래서 매주 학부모에게 보내는 학부모 편지에 이렇게 써서 보냈다.

아이들과 생활하다 보면 인간의 이중적인 모습을 봅니다. 사실 저의 모습이기도 하겠지요. 쓰레기를 함부로 버리지 말자는 내용을 배우고 실천 다짐을 한 다음 시간, 책상 위의 쓰레기를 아무렇지 않게 바닥에 버리는 것도 모자라 다른 사람의 자리로 멀리 던져 버리는 아이들, 청소 시간에 빗자루로 다른 사람의 자리로 쓸어 보내고 있는 아이와 눈이 마주치면 괜히 서로 민망해지기도 하고요.

수업 시간에 학교에서라도 가다가 쓰레기가 있으면 주워서 버리자고 이야기하면 "우리 엄마 가요, 더럽다고 그런 거 줍지 말래요."라고 이야기하면 저도 머쓱해집니다. 우리가 받은 교육과 다른 여러 상황에 노출되면서 우리는 점점 무뎌져만 갑니다. 내가 배운 것을 실천하는 것은 정말 어려운 일입니다. 몸을 가치 있는 일을 향해 움직이는 것은 귀찮고, 힘듦을 수반하기 때문이겠지요.

제 꿈은 작고 아담한 전원주택에 살며 작은 텃밭도 가꾸고 봄가을이 되면 산으로 난 흙길도 산책하며 사는 것이지만 막상 그렇게 살려고 생각하면 마트, 병원, 편의점, 쓰레기 분리수거 등 지금의 편하고 안락한 아파트 생활을 잊어야 하지요. 곰곰이 생각해 보니 제 내면은 그렇게 전원주택에 살고 있는 제 이미지를 만들어 놓고 좋아한 것이지 실제의 전원주택 생활을 좋아한 것이 아니었다는 것을 알게 되었어요. 부끄러운 제 고백입니다. 뜬금없지만 비슷한 맥락인 것 같아요. 그래도 그런 착한 일(복도에 떨어져 있는 쓰레기를 줍거나 인사를 하거나 이웃에게 음식을 가져다주는 등)을 하면 가슴이 따뜻해지지 않더냐고 물었더니 몇몇 아이들이 그렇다고 하더군요. 상대방은 어떨까? 물었더니 그 사람도 가슴이 따뜻해질 것 같다고 이야기하고요. 그럼 우리도 누군가에게 따뜻한 사람이 되어 보자고 했습니다.

교사가 되어 간다는 것은 아이들에게 이렇게 하자고 하는 것이 아니라 아무도 보지 않을 때 아이들에게 말한 그런 사람이 되는 것이라 생각하는데 참 어렵네요. 제가 말한 것의 반만큼만 살면 좋겠습니다.

인간이라면 누구나 환경의 영향을 받는다. 아이들은 더욱 그렇다. 너무나 쉽게 자기가 먹던 아이스크림 포장지를 바닥에 버리는 아이들을 두 아들과 같이 보며 뭐라고 이야기할까 고민하다 그냥 말없이 가서 주워 들었다.

학부모 알림장 5

아이들과 함께한 감동을 기록하자

아이들과 함께하는 시간은 매일이 감동이다. 수많은 유혹을 뿌리치고 학교에 나오고, 자기 자신이 누구보다 소중한 시기에 다른 친구들을 배려하는 모습, 개성이 다양한 아이들이 공동 목적을 이루고자 하나가 되는 모습은 감동 그 자체다. 우리만 그 감동을 간직할 것이 아니라 기록하고 공유하면 더 많은 사람의 삶에 긍정적인 영향력을 미친다.

이번 주에는 친구사랑의 날 행사를 진행했습니다. 캘리그래피로 쓴 문장 중에서 친구에게 전하고 싶은 글을 골라 OHP 필름으로 덮어쓰고 예쁘게 꾸민 후 그 글을 나와서 읽고 누구에게 그 글을 전하고 싶은지 그 이유를 발표하는 활동입니다.

아름다운 글에 아이들의 사연이 담긴 이야기를 들으니 참 감동적이었습니다. 비록 많은 아이들이 발표하지는 않았지만 각 아이들의 이야기에 귀 기울여 듣는 모습이 참 아름다웠습니다. 한 아이가 발표를 하다가 감정이 북받쳐 눈물을 삼키기도 했습니다. 일상적인 수업 시간에 보기 힘든 모습입니다. 그 친구를 위로하며 이런 생각을 했습니다. 수업이 아이들의 삶으로 채워지도록 해야겠다고 말입니다. 아이들의 삶과 분리된 수업은 죽은 수업입니다. 아이들도 괴롭고 그 모습을 보는 교사도 괴롭습니다. 교사의 지식과 이야기는 줄이고 아이들의 이야기로 채워지는 수업을 만들어 가도록 고민해야겠습니다.

- 2019.9.6. 학부모 알림장에서 발췌

지난주에 아이들과 크리스마스 미션에 대한 이야기를 나누었습니다. 크리스마스 미션이란 크리스마스 이브에 학교에서 아이들을 위해 고생하시는 분들께 찾아가서 음악시간에 배운 캐롤 메들리와 에델바이스 2곡을 리코더 2중주로 들려 드리며 우리 반 아이들이 쓴 편지와 작은 선물을 드리는 미션입니다. 아이들과 의논한 결과 교통지도 시니어 봉사단, 급식실 조리원분들, 학교 청소 담당 여사님, 해솔반(특수 아동 도움 교실), 교장 선생님, 교무실 선생님 이렇게 여섯 분으로 나누었습니다. 그리고 총 11명이 미션단으로 지원했습니다. 아이들을 세 팀으로 나누어 두 분씩 찾아가서 연주를 해 드리기로 했습니다. 아이들은 걱정 반, 설렘 반이지만 아침 시간, 쉬는 시간에 걸쳐 열심히 준비하고 있습니다. 미션단 최종 리허설은 12월 23일(월요일)에 하도록 하겠습니다. 아이들이 크리스마스를 누군가에게 선물을 받는 날로만 기억하는 것이 아니라 누군가에게 감동과 기쁨을 주는 의미 있는 날로 기억하면 좋겠습니다. 이번 크리스마스가 아이들에게 마음이 따뜻해지는 소중한 기억이 되면 좋겠습니다.

- 2019.12.10. 학부모 알림장에서 발췌

학부모 알림장 6

교사의 마음 상처를 공유하자

교사도 실수하고 좌절하는 인간이다. 자신의 실수, 고민, 가르치는 것과 관련하여 좌절한 부분을 솔직히 드러내고 속상함도 표현해야 타인이 공감할 수 있다. 교사가 자신의 둘레에 선을 긋고 있는 듯하면 학부모도 마음을 터놓기 힘들다. 이 시대는 힘든 점을 드러내면 그것이 내 약점이 되는 시대라고 하지만, 나는 그렇게 생각하지 않는다. 또 학부모에게도 삶을 나누는 교육자 모습을 드러내야 교육적으로 힘을 발휘할 수 있다고 믿는다.

잠시 제 이야기를 좀 하려고 합니다. 지금과 마음 상태가 너무나도 달랐던 예전의 제가 지향했던 모습은 좋은 사람이었습니다. 착하다는 이야기가 듣기 좋았습니다. 그 이야기를 듣고 싶어서 상처되는 말을 들어도 참았고, 화가 나는 일이 있어도 감정을 숨

겼습니다. 하지만 감정이 잘 숨겨지지는 않더군요. 마음으로 계속 상처 준 사람과 다투고 있는 제 모습이 한심해 보이기도 했습니다. 한번은 말을 너무 듣지 않는 아이가 있어서 힘든 적이 있었는데 훈육하는 도중에 그 아이를 마구 때리는 상상을 하는 저와 마주했습니다. 마음에 병이 난 것 같았습니다. 처음으로 교사를 그만두어야 하나 진지하게 고민했습니다. 그제야 제 마음을 돌아보게 되었습니다.

저는 자신에게 왜 그랬을까요. 저는 너무 단점이 많은 사람이었습니다. 어렸을 때부터 뒷머리는 흰머리였고, 손과 발에는 땀이 너무 많이 나는 다한증이라 항상 발 냄새에 예민해졌고, 누군가와 손을 잡을 일이 생길까 항상 손수건을 준비해야 했습니다. 그리고 말을 심하게 더듬어서 정말 가까운 사람이 아니면 말을 걸지도 하지도 않았습니다. 대인 기피증도 생겼고요. 저에게는 나쁜 기억입니다. 사춘기 시절에는 너무나 감정이 예민해져서 많이 울었던 것 같습니다. 그 기억을 잊고 매일 새롭게 시작하고 싶었습니다. 그런 제 단점을 좋은 사람이라는 칭찬으로 감추고 싶었나 봅니다.

좋은 사람이 되기 위해 저는 제가 정말 하고 싶은 것, 말하고 싶은 것, 거절하고 싶은 것을 참는 것, 화를 내야 할 때 내지 못해서 마음에 병이 났다는 생각이 들었습니다. '내가 진정으로 무엇을 하고 싶은지, 무엇을 해야 행복한지 모르고 살아온 것이 아닐까? 제가 그렇게도 좋은 사람에 집착하게 된 이유가 제 깊숙이 자리 잡은 단점에 대한 상처 때문은 아니었을까?' 생각하니 너무 안쓰러웠습니다.

자신을 다그치며 비난하던 말들을 걷어 내고 가만히 제 마음을 들여다보니 웅크린 채 숨어 있던 어린 내가 있었습니다. 힘들게 버텨 준 저를 진정으로 위로해 주고 싶었습니다. 그 누구보다 저를 사랑해야겠다고 생각했습니다. 제가 좋은 사람이 되기보다 내가 먼저 행복하고 나와 함께 다른 사람도 행복할 수 있는 좋은 선택을 하자고 생각했습니다. 그제야 마음이 참 평온해졌습니다.

제 마음이 평온해지니 아이들을 대하는 제 모습도 달라졌습니다. 제 마음을 돌보니 이상하게도 다른 사람의 마음도 더 잘 헤아리게 됩니다. 단점인 줄 알았던 제 예민한 감정이 다른 사람의 감정에 공감할 수 있는 놀라운 능력이라는 것도 알게 되었습니다.

제 나쁜 기억을 대하려 선택한 방법이 저를 더 아프게 했지만 멀리 둘러 와 보니 그 선택도 지금의 저를 있게 한 소중한 나입니다.

며칠 전 아이들이 말한 것이 떠오릅니다. "왜 선생님은 화를 안 내요?"

"화를 내지 않고도 할 수 있는 좋은 선택은 충분히 많아."라고 이야기하며 웃었습니다.

아이들 이야기를 듣고 '내가 이젠 정말 평온해졌구나.' 하고 생각했습니다.

아이들을 잘 가르치고 돌보려면 제 마음부터 돌보아야 함을 생각했습니다.

– 2019.10.31. 학부모 알림장에서 발췌

교사가 쓴 글을 학부모에게 어떻게 전하면 좋을까? 글을 다 쓰면 가정으로 보내야 하는데 A4 종이에 출력해서 낱장으로 보내면 가정에서도 확인하는지 알 수가 없다. 그래서 공책을 사용했다. 공책을 구입해서 이 공책의 용도를 알아볼 수 있도록 라벨지에 제목을 적어 붙여 주었다. 라벨지에 2쪽 모아 찍기로 출력해서 공책에 붙이고는 가정으로 배부한 후 바로 수합하면 분실을 줄일 수 있다. 글 마지막에 '부모님 확인란'을 만들어 다 읽은 후 서명하게 하면 확인했는지도 알 수 있다. 그 공책에 학부모에게 전하고 싶은 글을 출력해서 계속 붙여 나가면 한 학년의 전체 기록을 남길 수 있다. 그리고 공책에 댓글을 적어 주는 학부모와는 상담도 할 수 있다.

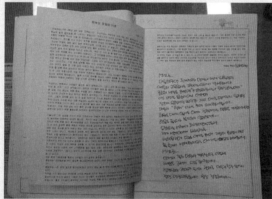

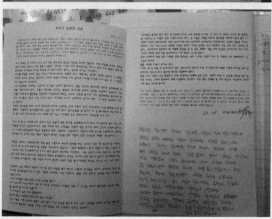

좋은 교사를 넘어 철학이 있는 교사로

"내가 진정으로 원하는 교사는 어떤 모습일까?"

교사로서 정체성이 희미해지는 것을 느낄 때마다 이 질문을 던진다. 내가 진정으로 원하는 교사는 어떤 모습인지 누군가에게 이야기하려면 아직도 주춤하게 된다. 흔들리지 않고 피는 꽃은 없다지만 매번 상황에 따라 다채롭게 흔들리는 나는 어떤 교사인가?

어떤 때는 친구 같은 교사이고 싶지만, 정말 친구처럼 대하는 학생들에게 상처받고 마는 교사다. 때로는 화난 감정을 주체하지 못해 소리를 지르고는 아무 일 없었다는 듯이 다시 수업하는 교사다. 차라리 그런 모습은 인간적이기라도 하다. 밀려드는 행정 업무를 처리하느라 가장 쉽게 포기하는 것이 수업 준비임을 깨달았을 때, 학생들에게 아무 생각 없이 행한 말과 행동으로 상처를 주었다는 것을 알았을 때, 내가 한 교육 활동이 비교육적이었다는 것을 후에 깨달았을 때 이 질문이 가장 아프게 다가왔다. 나에게 철학이 부재하다는 방증이기도 했다.

내가 했던 수많은 질문은 이미 많은 교사가 한 질문이었으나 바쁜 일상에 밀려 자신만의 답을 찾지 못한 채 부유했다. 그것은 곧 내 마음의 편협, 나약함과 마주하게 했다. 학생들의 철없는 말에 쉽게 상처받았고 작은 실수에도 크게 화가 났다.

그때부터 교사라는 존재에 질문을 던지기 시작했다. 그것은 결국 나에 대한 질문이기도 했다. 아이들에게 화를 내는 감정을 반추하며, 소리 지르고 화낼 만한 일이 아니었음에도 그 당시 내가 처한 상황 때문에 억눌렸던 감정이 터져 나왔음을 깨달았다.

수업 시간에 조용히 하지 않고 떠드는 아이들을 보며 화가 치밀어 오를 때 수업은 왜 조용히 해야 하는지 질문을 던졌다. 이야기하고 싶어 하는 아이들에게 조용히 하라고 말하며, 몇몇 답을 알고 있는 아이들에게 묻고 정해진 답을 들으며, 조용히 수업하는 것이 교사로서 지향해야 할 수업이 아님을 깨달았다.

철학의 부재를 인정하고 일상적 행위에 포장된 실체를 향해 질문을 던졌다. 그 질문에 답을 찾고자 책을 읽고 연수를 들었다. 그 과정에서 관성적으로 지내 왔던 교사의 삶이 조금씩 달라지고 있었다. 이 책은 그런 이야기를 모았다. 내 이야기이지만 교사로 살고 있는 사람이 교사라는 존재에 던지는 질문에 대한 이야기도 될 것이다.

이 책에서 방점은 질문이다. 우리의 일상적인 삶에 대한 질문 없이 관성적으로 살아간다면 시스템이 정한 방식에 맞추어서 살 수밖에 없다. 내가 정말 무엇을 원하는지, 어떤 삶을 살고 싶은지 인식하지 못하는 질문의 부재는 필연적으로 타인이 정한 것을 내면화할 수밖에 없다고 생각한다. 그렇게 사는 삶은 개인의 행복을 보장하지 못한다.

때로는 나를 향한 질문이 불편할 때도 있다. 내가 지금까지 노력하여 성취한 것들을 부정하라고 강요받기도 하고, 아무도 모르게 숨겨 온 욕망과 이기심을 인정해야 할 때도 있다. 하지만 곪은 것은 도려내지 않으면 결국에는 썩어서 잘라내야 하듯이 아픈 질문도 견뎌 내야 하는 것이다.

나를 향한 질문을 통해 이것밖에 안 되는 교사라는 것을 인정하는 순간 이상하게도 마음이 뻥 뚫린 듯 시원했다. 계속 숨기며 살 수 없었고 그렇게 사는 것도 행복하지 않았다. 오히려 이제 새롭게 채워 나갈 수 있다는 희망이 생겨 설레기도 했다.

물론 질문이 있으면 답도 존재해야 한다고 말할지 모르지만, 인생에 어디 한 가지 답만 있던가. 일상적 삶에 질문을 던지는 행위가 전하는 불편함이 우리를 생각하게 하고 나름의 답을 찾아가게 할 뿐이다.

이 책에서도 질문에 대한 명확한 답을 제시하지 않는다. 문득 떠오른 질문에 살아온 삶을 반추해 보고 '이렇게 하면 어떨까?', '어떻게 살면 교사로서 행복할까?' 하는 고민의 나열이라고 할 수 있겠다.

이제 그 고민을 당신의 고민으로 넘긴다. 함께 고민하는 과정을 거쳐 우리 삶을 좀 더 낫게 변화시킬 수 있으리라는 분명한 희망이 있기 때문이다.

'철학의 빈곤'을 넘어
철학이 있는 교사로 성장합니다.

No.01 김성효 글 | 홍종남 기획

학급경영 멘토링

No.02 김성효 글 | 홍종남 기획

기적의 수업 멘토링

No.03 이경원 글 | 홍종남 기획

교육과정 콘서트

No.04 김성효 글 | 홍종남 기획

행복한 진로교육 멘토링

No.05 아성대 외 글 | 홍종남 기획

프로젝트 수업,
교육과정을 만나다

No.06 이성대 글 | 홍종남 기획

혁신학교,
행복한 배움을 꿈꾸다

No.07 정민수 글 | 홍종남 기획

수업도시락,
성찰과 협력을 담다

No.08 조정래 글 | 홍종남 기획

스토리텔링 교육의
모든 것

No.09 최무연 글 | 홍종남 기획

나는 수업하러 학교에
간다

No.10 정민수 글 | 홍종남 기획

수업성숙도,
교사의 강점을 담다

No.11 이현정 외 글 | 홍종남 기획

프로젝트 수업,
배움을 디자인하다

No.12 김진수 글 | 홍종남 기획

행복한 수업을 위한
독서교육 콘서트

No.13 아성대 글

배움이 없는 학교,
프레임을 바꿔라

No.14 최무연 글 | 홍종남 기획

수업은 기획이다

No.15 청선아 글 | 홍종남 기획

교사는 아이들과 함께
성장한다

No.16 하건희 글 | 홍종남 기획

교사, 교육전문가로
성장하다

No.17 이경원 글 | 홍종남 기획

교사의 탄생

No.18 김경윤 글 | 홍종남 기획

토의토론수업,
배움을 디자인하다

No.19 최무연 글 | 홍종남 기획

교육과정 문해력,
배움을 디자인하다

No.20 김진수 글 | 홍종남 기획

교사가 성장하면,
수업도 성장한다

No.21 김경희 글 | 홍종남 기획

교사에게는
제자가 있다

No.22 엄주하 글 | 홍종남 기획

학교 속의 힐링캠프,
보건교사 사용설명서

No.23 권경희 · 노미향 글

교육연극, 프로젝트 수
업을 만나다

No.24 박재찬 글 | 홍종남 기획

학생참여수업, 배움을
디자인하다

No.25 최현정 글 | 홍종남 기획

발칙한 성교육,
학교를 품다

No.26 김동별 글 | 홍종남 기획

교사 20년,
배움을 디자인하다

No.27 부재율 · 정민수 글

교육평가 콘서트,
배움을 디자인하다

No.28 이경원 글 | 홍종남 기획

학급의 탄생

No.29 신지승 글 | 홍종남 기획

교육과정 문해력,
교사 전문성을 완성하다

No.30 최무연 글 | 홍종남 기획

학생중심수업,
교육과정을 디자인하다

No.31 강하은 글 | 홍종남 기획

나는 1년 차 교사입니다

No.32 표혜빈 글 | 홍종남 기획

학생참여수업,
수업 생동감을 만나다

No.33 조욱 글 | 홍종남 기획

교사에게
철학이 필요한 순간

행복한미래

함께하는 교육, 100년의 약속

기획 홍종남

"대한민국 교사의 철학의 풍요를 느끼는 순간이었습니다."

[행복한 교육학®] 시리즈를 통해 교사의 이야기를 담고자 하였고, 선생님들이 행복한 수업을 할 수 있는 환경이 되었으면 합니다.

'함께하는 교육, 100년의 약속!!'의 캐치프레이즈에 맞는 인문·역사, 교육학·교육서 분야의 책을 기획하고 있습니다. 〈행복한미래〉 대표이자 출판 기획자로 20년 이상을 책과 함께 살아가고 있습니다. 『교육과정 콘서트』, 『프로젝트 수업, 배움을 디자인하다』, 『수업은 기획이다』 등의 교육서 책을 기획하였습니다. [행복한 교과서®] 시리즈를 총괄 기획하고 있습니다.